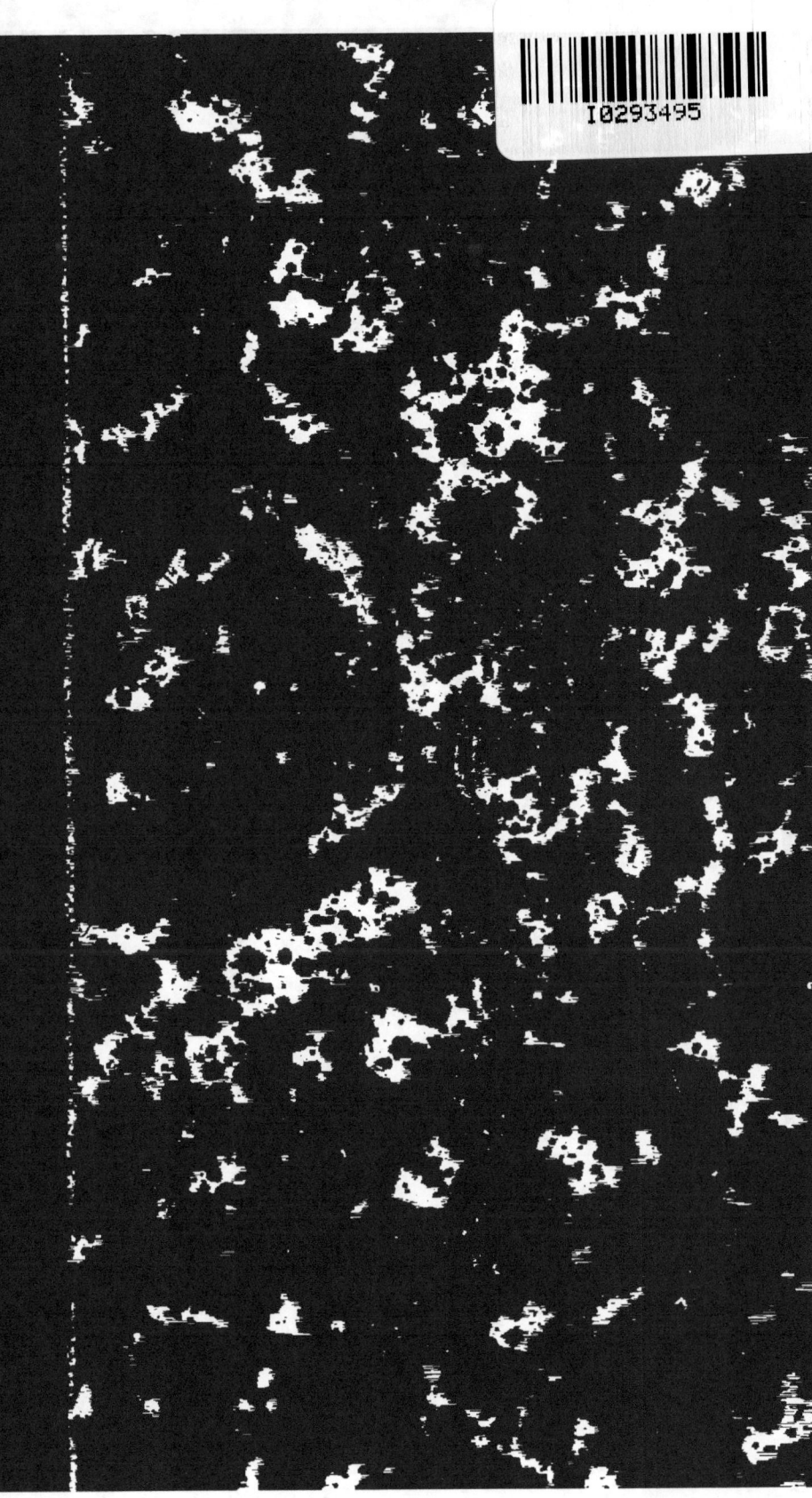

L b 44
627

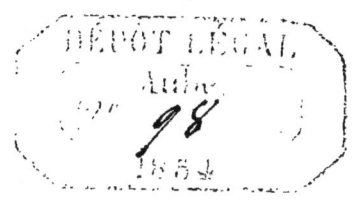

NAPOLÉON
EN CHAMPAGNE

APPROBATION

Le soussigné déclare avoir lu, avec une sérieuse attention, par ordre de Monseigneur l'Évêque de Troyes, l'ouvrage intitulé : NAPOLÉON EN CHAMPAGNE, et n'y avoir rien trouvé de contraire à la foi et aux bonnes mœurs. De plus, cette histoire lui a paru se recommander par l'intérêt incontestable des faits, par la chaleur du style, et par la rapidité de la narration.

P. AUGER,

Chanoine honoraire, membre de la commission d'examen des livres.

Troyes, le 15 juin 1854.

Bataille d'Arcis.

NAPOLÉON
EN CHAMPAGNE

ÉPISODES

DE L'INVASION DE MIL HUIT CENT QUATORZE

PAR

M. J. G. BORDOT

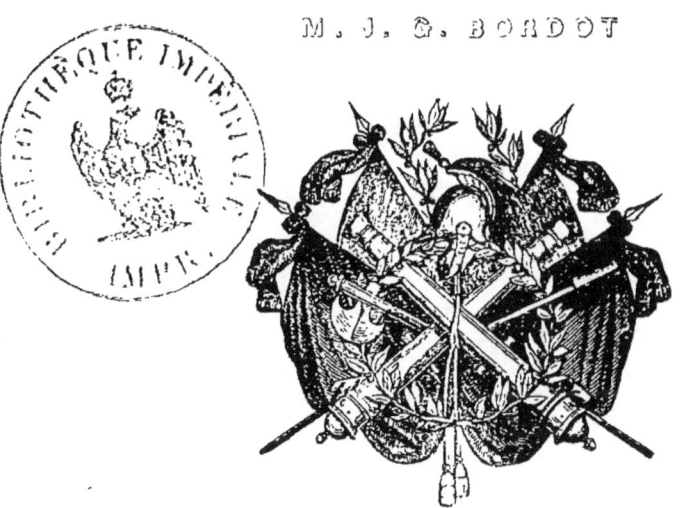

SOCIÉTÉ DE SAINT-VICTOR POUR LA PROPAGATION DES BONS LIVRES

PARIS	PLANCY
LIBRAIRIE CENTRALE DE LA SOCIÉTÉ RUE DE TOURNON, 16	SIÈGE, DIRECTION, ET ATELIERS DE LA SOCIÉTÉ

ARRAS, — même Maison, rue Ernestale, 289

1864

PROPRIÉTÉ

Plancy. Typ. de la Société de Saint-Victor.— J. COLLIN, imp.

NAPOLÉON
EN CHAMPAGNE

CHAPITRE Ier

L'INVASION. — 1814

Dans la nuit du 31 décembre 1813 au 1er janvier 1814, deux corps d'armée, forts ensemble de plus de trois cent cinquante mille hommes, franchissant la frontière, pénétraient sur le territoire français.

Le premier, sous les ordres du généralissime Schwartzemberg, s'avançait par la Suisse et par le Haut-Rhin sur les deux vallées du Doubs et de la Saône ; le second, commandé par le maréchal Blücher, passait le Rhin entre Spire et Coblentz et se dirigeait sur la Haute-Moselle et la Meuse.

Les têtes de colonnes des deux armées sont tournées vers Paris. Les généraux ennemis savent que c'est là qu'il faut frapper, car c'est là que bat le cœur de la France; mais ils n'ignorent pas non plus combien de poitrines viendront se placer au-devant de ce cœur, comme un rempart vivant.

Les deux colonnes, avant de descendre les vallées qui doivent leur servir de passage par le Jura et les Vosges, vont manœuvrer pour se rejoindre. Le plateau de Langres est désigné comme point de ralliement.

La France n'en est plus à combattre pour la conservation de ses conquêtes; il s'agit pour elle de l'intégrité de son territoire : la France est envahie! Déjà l'avant-garde de toute l'Europe en armes, soulevée contre une seule nation, a mis le pied sur notre territoire, et un million de combattants s'apprête à frapper ce colosse impérial, déjà affaibli par deux années de terribles revers et que la coalition n'ose encore regarder sans terreur.

Cette année 1814 commence pour Napoléon sous de sinistres auspices. La Russie, au mépris de la capitulation de Dantzick, a jeté dans les déserts de la Sibérie le reste de la garnison à laquelle on a promis la liberté et le retour en France; Genève a ouvert ses portes; Lyon que commande Augereau, vieux lion lassé qui semble avoir oublié sa glorieuse jeunesse, Lyon menace de tomber aux mains de l'ennemi. D'un autre côté les négociations qu'on a tenté de commencer et dont le duc de Vicence est chargé auprès de l'Autriche ne semblent pas devoir aboutir à un résultat honorable.

Ce n'est pas tout: la défection gagne les plus nobles caractères. Un soldat fait roi, Joachim Murat, doté par l'Empereur de la couronne de Naples, signe un traité qui met à la disposition de l'Autriche 30,000 Napolitains pour marcher contre la France. Murat a tout oublié : les liens les plus sacrés, les serments les plus solennels, et même ce génie que grandit l'adversité et qui n'a pas encore fait défaut à l'Empereur.

Dans le courant de janvier, dix-neuf villes françaises, parmi lesquelles Vesoul, Epinal, Forbach, Langres, le Fort-Joux, Châlons-sur-Saône, sont occupées par l'ennemi. Avant la fin de janvier, le territoire sera saisi au nord, à l'est, au sud. Partout où était naguère un allié, se lève un ennemi.

Et, pour opposer à ces masses armées, l'Empereur dans les premiers jours n'a que les débris ramenés de Leipsick.

L'armée de Blücher peut donc traverser successivement la Sarre, la Moselle et la Meuse, s'emparer de toutes les villes ouvertes ou mal fortifiées, chassant devant elle les corps disséminés qui sont chargés de la défense de ces frontières.

L'armée de Schwartzemberg arrive, sans plus de difficultés, jusqu'au pied des Vosges.

Là, elle rencontre la première résistance sérieuse, et elle peut juger de ce que va lui coûter d'efforts et d'hommes cette entreprise audacieuse qu'une coalition ennemie vient renouveler après 25 ans, et qui, comme vingt-cinq années auparavant, va soulever le patriotisme national. Dans les Vosges, les populations des montagnes défendent pied à pied le sol natal; et, pendant deux jours de combats, ces braves montagnards, ayant à leur tête le maréchal Mortier et soutenus de quelques régiments de la garde, tiennent tête à un ennemi trente fois supérieur en nombre.

Après beaucoup de sang répandu de part et d'autre, les Vosges sont franchies, et Schwartzemberg occupe Langres.

Les deux armées alliées peuvent communiquer entre elles. Toutefois elles ne sont pas encore réunies; elles campent déjà à soixante lieues de Paris.

Adossée aux Vosges et à la Meuse, leur ligne présente un arc de cercle dont les points principaux touchent à Langres, Nancy et Verdun, et dont les extrémités s'appuient sur l'Aisne et la Haute-Seine, formant les deux côtés d'un angle dont Paris est le sommet et Châlons-sur-Marne le centre.

C'est dans cet étroit espace que vont se concentrer toutes les opérations de cette glorieuse campagne de 1814, qui comptera au nombre des plus glorieux travaux de cet Hercule moderne, à qui nulle couronne n'a manqué, pas même celle du martyre.

L'Europe entière soulevée contre un homme, tel est le spectacle que présentent les premiers mois de 1814.

Voyons maintenant ce que l'Empereur aura à opposer à cette formidable coalition; voyons comment le génie du grand capitaine organisera une résistance, impossible pour tout autre, contre cette avalanche de soldats, de fer et de bronze.

Soixante à soixante-cinq mille hommes, composés, partie de vétérans usés par les campagnes, partie de soldats tirés des dépôts, partie de conscrits levés et armés à la hâte, c'est là tout ce qu'il peut mettre en face des masses de Schwartzemberg et de Blücher, qui, dans trois mois, peuvent s'élever à cinq cent mille hommes.

Mais il a, avec la tête qui a présidé à la campagne d'Italie, l'épée qui a remporté les victoires de Lodi et d'Arcole; toute l'énergie, toute la vigueur de ses premières années, il va les retrouver dans cette lutte d'où dépendent le salut de la France, l'avenir de sa couronne et celui de sa dynastie.

Son œil exercé a toisé *le géant* qui le menace; il en connaît les parties faibles; c'est là que se porteront ses coups. La tactique de ses premiers faits d'armes sera celle de sa dernière campagne.

Il sait bien qu'il y aurait folie à entreprendre de lutter à la fois contre les forces immenses qui s'avancent contre lui ; il attaquera ces forces l'une après l'autre, il surprendra les corps ennemis qui ne peuvent se réunir que peu à peu ; par la promptitude de la foudre, il éclatera sur ces bandes comme un tonnerre, avant que l'éclair n'ait annoncé sa venue.

Il sait qu'il n'est menacé sérieusement que par les deux armées de Bohême et de Silésie : c'est à elles qu'il va marcher tout droit.

Le 25 janvier au soir, Napoléon arrive au quartier-général de Châlons-sur-Marne.

Sur sa route il avait pu juger de l'effet moral que la présence de l'ennemi avait produit dans le pays : les populations terrifiées, les soldats démoralisés, les officiers eux-mêmes découragés, tel était le tableau qu'il trouvait à son passage ; car il arrivait sans être attendu, sans bruit et presque sans escorte, pour mieux juger des dispositions des hommes et de la situation de l'armée.

Le quartier-général de Châlons-sur-Marne décelait surtout ce découragement universellement répandu, que Napoléon avait pu déjà constater, et que sa présence avait transporté tout à coup en une confiance absolue dans la victoire. Aux cris de *Vive l'Empereur!* répétés avec enthousiasme sur toutes les lignes, les cœurs s'épanouissaient à l'espérance. *Il* était là ; le soldat jadis consterné était sûr maintenant du succès.

Cependant l'arrivée de Napoléon n'avait point été annoncée au quartier-général. Suivi du général Gourgaud et de quelques officiers de sa maison, il parvint sans avoir été reconnu jusqu'aux avant-postes et tomba dans un groupe de soldats réunis autour d'un feu de bivac.

Il était onze heures du soir. La neige qui était tombée abondamment les jours précédents avait détrempé le sol, et les hommes de ce poste avancé semblaient avoir pris position dans un marais, la neige fondue ayant formé en cet endroit comme une espèce de lac.

Aux « qui vive ? » poussés par les sentinelles, les hommes rangés autour de l'énorme brasier qui brûlait devant eux ne se dérangèrent même pas, à l'exception d'un vieux militaire à moustaches grises, qui se tenait près du foyer, les deux mains appuyées sur son fusil, et qui portait les galons de sergent.

— Dites-donc, mes petits enfants, fit-il en se retournant et en cherchant à distinguer dans l'ombre la cause du bruit qui se faisait à quelques centaines de pas du bivac, on fait bien du bruit là-bas ; ça doit être quelque grosse épaulette qui nous arrive.... Mille cartouches ! si l'Empereur pouvait nous faire sortir de cette satanée terre glaise où on enfonce comme dans du beurre, il n'y aurait pas de mal au moins ; car depuis...

— L'Empereur, fit en interrompant le sergent un soldat accroupi près du feu et qui s'était improvisé une sorte de siége ou de pilotis au milieu de la vase, à l'aide de quelques pièces de bois, l'Empereur ! il nous laissera mourir ici de la fièvre... et du rhume de cerveau, tandis que l'ennemi est à deux pas de nous, et que nous pourrions en deux temps et quatre mouvements lui tomber sur le dos sans qu'il s'y attende... Non ; non ! l'Empereur nous abandonne !

Au moment où le soldat disait ces derniers mots d'un ton empreint d'une tristesse pleine de reproche, plusieurs officiers couverts de manteaux arrivaient à portée du groupe, et l'un d'eux, qui avait entendu les paroles que nous venons de rapporter, fit signe à ceux qui l'accompagnaient de s'arrêter et d'écouter en silence.

Le sergent, sans s'apercevoir de la présence des nouveaux-venus, reprit vivement :

— L'Empereur nous abandonne ! allons donc ; tu ne connais pas notre petit caporal, et on voit bien que tu n'as que six campagnes, mon pauvre garçon, dont pas la moitié seulement avec l'autre. Si tu avais eu comme moi l'honneur de faire avec lui toutes les campagnes du commencement, du temps du branle-bas général, en Italie, en Allemagne, en Egypte, alors qu'il s'appelait le général Bonaparte, et à Marengo quand il était premier consul, et partout depuis que nous l'avons nommé Empereur, tu ne parlerais pas comme tu parles.

— Oh ! pardine toi, Chaudoreille ! on te ferait croire que ta giberne est un tambour et le drapeau du régiment une tente, si on t'assurait que l'Empereur l'a dit. Eh ! moi aussi je suis tout prêt à me faire tuer pour lui ; mais qu'il vienne ! D'ailleurs, qu'est-ce qu'il fait là-bas au milieu de ces bavards de députés qui l'ont agoni l'autre jour? J'ai vu ça dans les papiers. Au lieu de se mettre à notre tête, il discute avec ces gens-là; si j'étais à sa place, je te les flanquerais à la porte, par les fenêtres, comme dans le temps....

— Avec son frère Lucien, à Saint-Cloud : ah! parlez-moi de ça, j'y étais; quelle poussée et quels nez faisaient tous ces bonnets carrés..... Mais ce n'est pas de ça qu'il s'agit ; tant il y a que je prétends, ajouta le vieux soldat d'une voix pleine de confiance, je prétends, entendez-vous, que mon Empereur ne nous abandonnera pas. Que les Autrichiens, les Prussiens et tous les chiens qui sont là-bas ne s'y fient pas! Il est malin le petit, vois-tu; il leur coupera leur armée en quatre ou cinq morceaux, histoire de les battre les uns apres les autres, faute de monde pour les battre tous ensemble, toujours comme dans le temps en Italie; tu verras ça, Lenfumé ; tu verras ça. Mais, quant à venir, il viendra : je parie pour mon Empereur!

— Je parie que non.
— Qu'est-ce que tu paries?
— Deux sous de tabac.

— C'est dit. Tu perdras, Chaudoreille, mon ami, et je fumerai deux sous de tabac en ton honneur.

— Il viendra? bien; mais quand?

Le sergent sembla réfléchir un moment.

— D'ici à demain soir, fit-il d'un ton plein d'assurance.

— Ah! ah! d'ici à demain, reprit le soldat en riant. Pourquoi pas ce soir?

— Qui sait?

Et la galerie tout entière, faisant chorus avec celui que Chaudoreille avait appelé Lenfumé, se mit à railler, dans le langage pittoresque des camps, le vieux sergent qui restait impassible au milieu des quolibets de l'assistance.

A cet instant, un des personnages qui s'étaient arrêtés à quelques pas du bivac s'avança doucement derrière le sergent, lui posa sa main sur l'épaule, et une voix bien connue du soldat prononça ces mots :

— Tu as gagné ton pari !

A cette voix, le sergent se retourna vivement, croyant rêver; mais, voyant bien de son premier regard qu'il n'était pas dupe d'une illusion, il saisit rapidement son fusil, et, se mettant aussitôt dans la position fixe et immobile du soldat à l'exercice, il présenta les armes devant celui qui l'avait interpellé, en même temps qu'il s'écriait d'une voix émue : L'Empereur ! vive l'Empepereur !

En moins de temps qu'il n'en faut pour l'écrire, tous les hommes, placés autour du feu, s'étaient levés respectueusement; et parmi ceux-ci Lenfumé, qui avait douté tout à l'heure, ne fut ni le dernier ni le moins ardent à répéter le cri de vive l'Empereur.

Napoléon fit signe de la main qu'il voulait parler.

— Oui, soldats, dit-il, c'est votre Empereur qui vient vaincre ou mourir avec vous. Demain nous marcherons à l'ennemi, et vous ne perdrez rien, je vous jure, pour avoir attendu. Vous pouvez compter sur moi, comme je compte sur vous pour sauver la France.

Puis, après avoir adressé à chacun une parole d'amitié, d'encouragement ou un mot bienveillant, il se retourna vers les officiers qui l'accompagnaient : — Venez, messieurs, fit-il.

Un instant après, l'Empereur et son escorte avaient disparu.

Chaudoreille était toujours dans la position du soldat qui présente les armes, et comme pétrifié par ce qu'il venait de voir et d'entendre.

Enfin, laissant tomber son arme : —J'ai gagné mon pari, répéta-t-il tranquillement. Il n'y a pas de mal à ça.

Il n'y a pas de mal à ça, était le mot favori du sergent Chaudoreille, qui, à ce qu'il paraît, était fort disposé à penser que tout est pour le mieux dans le meilleur des mondes possibles.

En cette circonstance, du reste, il avait grandement raison.

L'Empereur était arrivé. Pour le soldat, l'Empereur c'était la victoire, c'était la fin des misères; dans tous les cas, c'était la fin de l'hésitation, de l'incertitude : c'était la guerre.

Personne ne dormait cette nuit-là au quartier-général.

Au reste, la nouvelle qui s'était propagée courait maintenant le camp et était connue en ville. Dès le matin, les habitants des campagnes voisines, informés de l'arrivée de Napoléon, accou-

raient tous, malgré des chemins impraticables ;
leur joie offrait le spectacle le plus touchant et le
plus pittoresque à la fois. Les uns portaient du
vin aux soldats, les autres conduisaient au
quartier-général de jeunes soldats recrutés de la
veille ; ils leur montraient comment ils devaient
se servir de leurs armes et les engageaient à
combattre vaillamment pour délivrer la patrie
du joug odieux de l'étranger ; d'autres, plus ardents, se joignaient aux troupes. Dans Châlons,
l'Empereur, entouré d'une foule immense, qui
lui donnait les témoignages d'un dévouement
enthousiaste, ne doutait plus à cette heure du
salut du pays. Pressé par tous les bras, ac-
clamé par toutes les voix, Napoléon a compris
qu'il faut profiter au plus tôt de cette réaction
généreuse.

Il n'attendra pas longtemps pour mettre à
l'épreuve cette valeur qui déborde, et cette haine
furieuse qui se manifeste contre l'étranger.

Le 28 au soir, notre avant-garde a dépassé
Vassy et touche aux premières maisons de Mon-
tiérender. Les généraux Victor et Ney ont conduit ce mouvement. Dès le lendemain 29, au

point du jour, Napoléon et l'armée se remettent en marche pour Brienne ; à huit heures du matin on rencontre à peu de distance de cette ville, dans les bois de Maizières, les éclaireurs des deux premiers corps de l'armée prussienne.

Ce n'est qu'après un engagement sans importance, dans lequel Milhaud charge et repousse la cavalerie russe de Palhem, que Blücher, tranquille dans le château de Brienne, apprend que l'Empereur et l'armée française sont à deux pas de lui. Il refuse d'abord d'y croire ; mais les premières attaques contre la ville basse ne lui permettent pas de douter longtemps. Le général prussien se concentre dans Brienne, fait occuper les hauteurs du château, et confie la défense de la basse-ville à deux généraux russes.

Malgré les fatigues d'une longue et pénible marche, nos troupes attaquent avec une vigueur héroïque ; le bourg, défendu par les Russes, le château, gardé par les Prussiens, assistent au combat le plus acharné, qu'une perte égale rend funeste aux deux partis.

Il semble, comme l'a dit un des historiens de l'Empire, il semble que Brienne soit pour les

Français un de ces lieux sacrés dont la possession assurait la victoire aux anciens Grecs.

Le combat se soutient de pied ferme jusqu'à la nuit; Brienne est toujours aux mains de Blücher.

L'Empereur, entouré de son état-major, se tient debout dans une masure peu éloignée de la ville et qui lui sert de quartier-général. Son regard inquiet semble chercher à deviner, malgré la nuit, l'issue de cette lutte qui coûte tant de sang et ne se termine pas.

A deux pas de lui, sous une espèce de hangard à claire-voie, on a improvisé une ambulance où l'on amène à chaque instant des blessés et des mourants. Au milieu des chirurgiens militaires, agenouillée auprès des malades, est une jeune femme portant le costume des paysannes des environs, et qui donne ses soins aux soldats avec un dévouement exemplaire. Plusieurs fois déjà les yeux de l'Empereur, en se tournant vers l'ambulance, se sont arrêtés sur cette femme. En ce moment, elle est à genoux auprès d'un jeune soldat portant l'uniforme simple et sévère des *Marie-Louise*[1], et dont la poitrine découverte laisse

---

[1] Voyez la note de la page 33.

voir une blessure béante d'où s'échappent des flots de sang, qu'elle s'efforce d'étancher à l'aide de compresses d'eau glacée. De temps en temps une larme tombe des yeux de la jeune fille sur la figure du blessé, en même temps qu'elle semble chercher à suivre sur ses traits les progrès du mal. A chaque instant, la respiration du blessé devient plus embarrassée ; à chaque instant la pâleur de la jeune fille devient plus grande.

Cependant un chirurgien s'est approché ; il sonde la plaie, dispose un appareil, et s'apprête à porter ses soins à un autre malade, sans qu'une seule fibre de sa physionomie ait pu faire connaître à la jeune fille arrêtée près de lui son opinion sur la gravité de la blessure qu'il vient de panser, lorsqu'une main saisit la sienne et une voix émue prononce ces seuls mots : — Mourra-t-il ?

Il y avait tant de véritable affection, tant de douleur navrante, dans le ton dont était faite cette question, que le docteur, tout préoccupé qu'il était des mille détails de sa triste mission, s'arrêta court devant la jeune fille qui lui avait adressé cette interrogation, et se prit à la contempler, avec un intérêt plein de sympathique tristesse.

— Ce jeune homme est-il votre parent? lui demanda-t-il, après s'être laissé aller un instant à cette contemplation involontaire.

— Mon parent? Non, répondit la jeune fille avec hésitation;... mais mon frère.... d'adoption. Oh! monsieur, sauvez-le!...

La jeune fille avait fait cette réponse avec tant de candeur, que le docteur ne songea pas à l'interroger encore. Sans ajouter un mot de plus, il revint avec elle près du blessé. Examinant encore la blessure, il sembla interroger longtemps les secrets de la vie dans ce corps inerte, dans cette poitrine sans souffle. A cet instant, le jeune homme fit un mouvement et ouvrit les yeux. Quand il aperçut auprès de lui la jeune fille, un sourire d'ineffable bonheur passa sur sa face tout à l'heure livide, et vint ramener le sang vers ses joues pâles, sur ses lèvres crispées par la douleur. Puis, refermant les yeux, comme s'il eût cru rêver : — Marie! murmura-t-il si bas, que ce fut à peine si le docteur l'entendit. Mais celle à qui s'adressait ce nom, Marie, l'avait bien entendu, et ce fut en rougissant qu'elle soutint le regard que lui lança le médecin.

— Mon enfant, dit alors ce dernier en se relevant, avec des soins je réponds de la vie de ce jeune homme ; vous êtes là et vous vous intéressez à lui ; c'est vous dire qu'il est sauvé.

— Oh ! merci, monsieur, s'écria Marie, en prenant dans les siennes les mains du docteur.

Et de grosses larmes, mais cette fois des larmes de bon espoir, coulèrent des yeux de la jeune fille.

Le docteur s'était éloigné.

L'Empereur, placé ainsi que nous l'avons dit à quelques pas de l'ambulance, avait assisté à toute cette scène ; mais Marie, tout occupée de son jeune ami, ne s'était point aperçue de l'attention que Napoléon y avait portée, et ce ne fut que lorsqu'un des aides-de-camp placés près de l'Empereur donna l'ordre de mettre les blessés dans la masure même où se tenait l'état-major, qu'elle remarqua la présence du souverain. Toutefois, sans paraître embarrassée, elle suivit son protégé et vint s'installer auprès de lui.

Au bout d'un instant, comme elle se levait pour sortir :

— Où allez-vous, mon enfant, dit l'Empereur ?

— Là-bas, soigner d'autres blessés, Sire, puisque Julien est hors de danger, et que vous avez bien voulu le faire transporter ici où il est en sûreté.

— Mais vous ne voyez donc pas, fit l'Empereur avec intérêt, que les balles viennent jusqu'ici, et que c'est vous exposer....

L'Empereur n'eut pas le temps d'achever. Au même moment, une épouvantable détonation éclata dans la basse-ville, à deux portées de fusil de la maison qui servait de quartier-général. C'était Ney qui venait de tenter une attaque décisive sur la ville. L'ennemi, poussé dans ses derniers retranchements, s'était enfui en faisant sauter un caisson pour jeter du désordre dans nos rangs et donner le temps aux Prussiens de se rallier.

L'Empereur devina tout.

— Enfin! s'écria-t-il. A la bonne heure! Ney est là : je le reconnais !

Mais à ce moment un grand mouvement s'opéra en avant de la ville. La cavalerie de Grouchy était restée derrière l'infanterie, au lieu de la couvrir sur la gauche du côté de la plaine. La cavalerie russe, forte de quarante-quatre escadrons, chargeait la division Duhesme. La division Duhesme, culbutée par des forces supérieures, était forcée d'abandonner une batterie à l'ennemi.

Napoléon avait suivi des yeux cette nouvelle péripétie.

— Grouchy nous fait tout perdre, dit-il froidement : c'est à recommencer, et voici la nuit. Que de monde perdu pour cette bicoque ! et pourtant il me la faut. Oh ! ce château de Brienne ! je donnerais une de mes plus belles batailles pour y voir planter mon aigle !

— Sire, dit vivement Marie, interrompant l'Empereur, vous serez au château de Brienne dans quatre heures d'ici, et vous y coucherez cette nuit, je vous le promets.

L'Empereur regarda l'enfant, dont l'œil brillait d'une résolution toute martiale.

— J'y compte bien, fit-il ; mais c'est encore des braves gens à sacrifier.

— Non, Sire, vous entrerez à Brienne sans coup férir : laissez seulement venir la nuit et arrêtez le combat.

— Es-tu sûre de ce que tu avances ? dit Napoléon.

— Sûre, comme vous êtes grand, comme vous êtes bon, et comme il est vrai que vous avez recueilli mon frère sous votre toit à vous, Sire ; dans deux heures vous serez à Brienne. Daignez seulement m'entendre, Sire ?

Il y avait tant de sincérité dans les paroles de l'enfant, que l'Empereur n'hésita pas.

— Qu'on fasse entrer là cette jeune fille, dit-il en montrant une espèce de chambre de retraite fermée par un épais rideau. — Venez, Monsieur, ajouta-t-il en faisant signe à un de ses aides-de-camp.

Et il entra avec Marie et ce dernier dans l'arrière-petite pièce où se trouvaient des armes, une lorgnette, des plans et quelques menus objets dépendant de la garde-robe de l'Empereur.

La nuit était venue.

Quelques minutes après, le feu cessait sur tous les points : on n'entendait plus que quelques coups de fusil isolés : c'étaient des soldats qui regrettaient d'en avoir sitôt fini avec l'ennemi.

Tout devint silence.

On entendit sonner successivement aux horloges de la ville huit heures, puis neuf heures.

Alors Marie, accompagnée d'un officier supérieur, sortit de la masure et marcha avec lui en longeant la basse-ville pendant environ un quart d'heure. Parvenue près d'un petit ravin assez profond qui se trouvait à droite, elle s'arrêta et dit à l'officier qui la suivait : C'est là ! Ils doivent être ici.

— Conduisez-moi, répondit l'officier : il fait noir comme dans un four; et je n'y vois goutte dans ce diable de pays perdu où l'on enfonce à chaque pas.

— Venez donc, dit Marie en le prenant par la main.

Ils marchèrent quelques minutes, le soldat suivant l'enfant qui l'entraînait ; tout à coup Marie s'arrêta ; on entendit armer un fusil, et une voix prononça à voix basse les mots : Qui vive ?

— Ami, répondit l'officier ; et s'approchant de la sentinelle, il lui donna le mot de passe ; presque aussitôt un général qu'on avait averti vint lui tendre la main.

— Enfin, c'est vous, dit-il : où allons-nous ?

— A Brienne.

— A cette heure, et comment ?

— Demandez à mon guide.

— Où est-il ?

— Le voici ? Et il montra la jeune fille.

— Quelle plaisanterie !

— Pas le moins du monde. L'ordre de l'Empereur est de suivre les instructions de cette enfant comme les siennes propres.

— A la bonne heure ! Voilà qui est parler.

— Ordonnez donc, ma belle enfant, dit le général Château en s'approchant de Marie. Nous vous suivrons où vous ordonnerez.

— Monsieur, fit Marie, avec un sourire triste, nous n'irons pas loin. Ecoutez-moi seulement. Pour que notre entreprise réussisse, il faut observer le plus grand silence ; la route sera difficile ; nous allons gravir la montagne à pic qui est là sous le château ; il faudra que les hommes rampent et se glissent à plat ventre, sans faire sonner leurs armes. Recommandez surtout qu'au milieu de la montée on s'efforce d'amortir le bruit des pas, et qu'on ne prononce pas un mot. A cet endroit la voix porte vers le château quand le vent souffle de ce côté, et il en est ainsi ce soir. Voilà tout ce que j'avais à vous dire, Monsieur. Maintenant je marcherai devant vous, et je mourrai avec vous, si Dieu ne bénit pas ma tentative !...

— Mademoiselle, dit le général Château en prenant vivement la main de Marie, je vois que la Champagne a encore ses Jeanne d'Arc. Vous êtes une noble femme, et, si toutes les jeunes filles de ce pays étaient comme vous, l'ennemi ne pèserait pas longtemps sur la terre de France. Mais partons !

Un quart d'heure après, deux bataillons du 37e et du 56e de ligne descendaient le ravin, tournaient une sorte de monticule placé à droite du château de Brienne, puis, s'engageant à travers la campagne, arrivaient au pied de la côte annoncée par Marie.

Celle-ci, placée auprès du général Château,

Le château de Brienne.

restait silencieuse, et ne prononçait quelques paroles que pour donner au général une explication nécessaire.

Le général n'en pouvait revenir.

On commença à gravir la rude montée, puis le terrain redevint presque plat, et quelques lumières brillant au loin indiquèrent une habitation.

— Voici le château, dit Marie. Suivons le petit sentier que vous voyez à droite.

— Je ne vois rien ; mais enfin vous le voyez, c'est le principal, dit le général émerveillé de tout ce que cette aventure avait de romanesque, et disposé, malgré la gravité de la situation, à la gaîté qui n'abandonne jamais le soldat français, même dans les situations les plus critiques.

On marcha encore quelque temps ; puis on arriva devant un grand fossé.

— C'est un fossé et de l'eau, dit le général ; nous n'avions pas pensé à cela.

— Il y a un passage souterrain à vingt pas d'ici, dit Marie, un ancien aqueduc placé au-dessous du niveau du fossé. C'est là que nous passerons. On ne nous a pas entendus. Tout va bien.

En effet, à vingt pas de là on trouva l'aqueduc, puis au bout une porte dégradée qu'on fit céder avec une pesée.

Marie passa la première, malgré l'insistance du général; quelques soldats et plusieurs officiers la suivirent.

On était dans le parc du château de Brienne.

Pas un factionnaire ne veillait de ce côté.

Le bataillon du 37e s'empara de toutes les positions ; puis le bataillon du 56e s'avança vers le château.

A cet instant, une trainée lumineuse traversa l'espace en se dirigeant vers le camp français. En même temps, les premiers coups de fusil retentissaient dans le château de Brienne.

Presque aussitôt, la brigade Baste et une brigade de la division Meunier, qui se tenaient prêtes, averties par le signal parti du château de Brienne, recommencèrent l'attaque sur la basse-ville.

L'ennemi se trouvait pris entre deux feux.

Un cri immense: Aux armes! passa, répété par des milliers de voix sur toutes les lignes russes et prussiennes.

Blücher, rassuré par le succès de la charge de cavalerie qui avait été le dernier épisode de la journée, était rentré au château où il s'était fait servir un copieux souper. Placé avec tous les officiers supérieurs de son armée autour d'une table couverte de mets succulents et de vins de toutes sortes, qu'on avait recueillis dans les caves de la ville et du château, il savourait, ainsi que ses convives, les produits d'un sol qu'ils regardaient déjà comme une terre conquise, et notamment les vins pétillants des meilleurs vignobles champenois.

Au bruit des bouchons et des verres succéda tout à coup le bruit de la fusillade; mais les officiers à moitié gris déjà ne se levèrent même pas, pensant qu'il s'agissait d'une nouvelle attaque de la basse-ville, contre laquelle toutes les précautions avaient été prises. On continua à boire, sans autrement se préoccuper des Français.

Aussi, quand un officier entra précipitamment dans la salle pour annoncer que l'ennemi était au château et attaquait en même temps la basse-ville, Blücher, se levant comme s'il eût été d'un seul morceau, poussa un jurement effroyable et courut en chancelant jusqu'à son sabre, qu'il saisit en s'écriant lui aussi d'une voix de Stentor : Aux armes ! aux armes !

Mais déjà les Français s'approchaient des portes de cette salle, défendue par quelques grenadiers prussiens. Blücher, voyant que le danger était aussi sérieux qu'on le disait, sauta par une fenêtre avec plusieurs officiers supérieurs; et, comme nos soldats ignoraient que ce fût le général en chef, on ne mit pas plus d'importance à sa fuite qu'à celle des autres. On comptait les retrouver bientôt dans les environs.

D'ailleurs une fusillade formidable, dont le bruit arrivait de la basse-ville, appelait nos troupes de ce côté, au secours du général Château, en même temps qu'une lueur immense, éclairant tout à coup le château, annonçait qu'un vaste incendie dévorait Brienne. Les Russes, vivement pressés, venaient de mettre le feu à la ville pour se couvrir, et les cris de désespoir d'une population tout entière s'élevaient par instant, comme pour demander vengeance, au-dessus du fracas de la mousqueterie.

Le combat fut long et meurtrier. Chaque coup portait : car les adversaires se voyaient comme en plein jour, les lueurs de l'incendie éclairant les deux partis comme celles d'un soleil de sang. Le général Baste venait d'être tué, le général Decouz était emporté mourant. Nos troupes, harassées de fatigue, commençaient à plier ; un bataillon du 37ᵉ battait en retraite, refoulé vers le château.

Tout à coup au-dessus des clameurs des habitants, des gémissements des femmes, et des cris de terreur de tout une population éplorée, au-dessus de ce tumulte indicible que produit le bruit d'une bataille acharnée, une voix s'élève, poussée par mille poitrines et qui monte claire et perçante vers le ciel avec les flammes de l'incendie et les nuages formés par l'explosion continuelle des armes : *En avant les Marie-Louise! Vive l'Empereur* [1] *!*

---

[1] « Levés et incorporés à la hâte, l'innocence et la simplicité de ces
» braves jeunes gens amusaient les vieux soldats. Leur habillement
» consistait en une redingote grise et un bonnet de forme féminine ; on
» les appelait les MARIE-LOUISE ; la plupart furent levés par décrets
» signés de la Régente. Ces enfants manquaient de forces et d'instruction ;
» mais chez eux l'honneur remplaçait tout, et leur courage était indomptable. Au cri : *En avant les Marie-Louise!* on voyait leurs

Et, au milieu de la fumée rougeâtre qui remplit la rue principale transformée en un épouvantable champ de bataille, on voit s'avancer une colonne dont on ne distingue d'abord que les capotes grises et qui vole sur la cavalerie russe qui vient de repousser la division Lhéritier, au cri redoublé de : *En avant les Marie-Louise !*

Ce sont bien les Marie-Louise en effet: des enfants recrutés de la veille et dont la plupart ont peine à porter le fusil de munition que la patrie leur a confié pour la défendre, mais des enfants qui sont devenus des héros au bruit de la première fusillade; pour eux le danger n'existe pas, la mort n'est qu'un vain mot; ils avancent, ils avancent aux cris répétés de vive l'Empereur ! Ils touchent déjà aux premiers rangs de la cavalerie russe, que celle-ci n'a pas songé à se mettre en défense, car elle croyait à une retraite. Alors commence une horrible mêlée alors; com-

---

» figures éteintes se couvrir de la plus noble rougeur ; affaiblis par la
» fatigue et par la faim, leurs genoux se raidissaient pour voler à l'en-
» nemi. Quant à ce qu'ils savaient faire, les grenadiers russes peuvent
» le dire ! » Extrait du *Journal des Opérations du 6ᵉ Corps, pendant la campagne de 1814*, par le colonel Fabvier.

mence un admirable fait d'armes. Ce ne sont pas des soldats qui combattent, ce sont des lions ; l'art militaire n'existe pas pour ces enfants, mais le courage leur inspire des résolutions terribles auxquelles nulle vaillance réglée ne saurait résister. C'est à la baïonnette qu'ils forcent le premier régiment de cavalerie qui est devant eux ; ce serait trop long de charger leurs armes, et d'ailleurs quelques-uns savent à peine les charger ; mais ils se précipitent au poitrail des chevaux, pénètrent au milieu des escadrons. Foulés aux pieds des chevaux qu'ils éventrent, ils se redressent, retombent et se redressent pour combattre encore. Devant cette audace surhumaine, il n'y a pas de sang-froid qui puisse résister ; la terreur, une terreur panique s'empare de ces hommes aguerris dont les rangs sont envahis par de faibles enfants ; le désordre se met partout, les chevaux effrayés refusent d'obéir, les cavaliers se jettent les uns sur les autres ; en vain les officiers veulent les rallier, le cri incessant de : « En avant les *Marie-Louise*, vive l'Empereur ! » couvre leurs voix. C'est une déroute complète, dans laquelle un monceau de cadavres et de chevaux jonchent le sol, et forment comme une immense hécatombe sacrifiée à la guerre et à la vengeance.

A onze heures, rebuté de ses pertes qui s'élèvent à plus de trois mille hommes, l'ennemi évacue la ville, dont les maisons de bois brûlent toujours, malgré les secours qui ont été organisés par ordre de l'Empereur.

L'armée française reste en position derrière Brienne, occupant le château ; celle de Blücher se retire sur les hauteurs de Trannes ; cependant elle laisse une partie de sa cavalerie à Brienne-la-Vieille, où elle a conservé ses positions.

Blücher se met en retraite par la rive droite de l'Aube, où se trouve Schwartzemberg ; les deux généraux vont se rencontrer, et bientôt Napoléon les aura tous deux sur les bras.

Qu'importe? Il est à Brienne, dans ce château où il fit ses premières études, obscur boursier de l'Ecole.

Que de pensées durent assaillir l'Empereur dans cette nuit qui suivait et qui précédait une bataille, et qu'il passait, lui, Empereur, dans ce château où il avait été jadis l'élève Bonaparte !

Si cette tête puissante se retraça rapidement tous les événements qui avaient signalé son existence merveilleuse, si les contrastes inouïs des diverses phases de son existence vinrent le frapper cette nuit-là, quelles réflexions tristes et philosophiques à la fois dut inspirer à l'Empereur le panorama de ses souvenirs. Lui si longtemps arbitre de l'Europe et maintenant mis au ban des nations, par quelle fatalité singulière se retrouvait-il, à trente années de distance, dans ce château qui avait été son point de départ.

Ce qu'il y a de certain, c'est que le courage ne fit pas défaut à cette grande âme; la confiance même ne lui manqua pas ; la foi en son étoile le soutenait encore. On dit qu'après être resté longtemps pensif, le front dans sa main, à parcourir des yeux cette ville, ce château éclairé par la lueur funèbre de l'incendie, il leva vers le ciel un regard ferme et inspiré, et dit tout haut: « C'est à recommencer, voilà tout... Je recommencerai ! »

Et, fort de son génie, sûr de lui-même, il passa le reste de cette nuit à parler de plans qu'il projetait : la ville de Brienne serait rebâtie, le château serait acheté, et il y fonderait une école militaire et une résidence impériale. Nobles intentions qu'il ne devait pas être donné au grand homme de réaliser, mais qui occupèrent sa pensée jusqu'à la tombe, et qui prouvent du moins que tout était jeune encore dans cette tête puissante, dont les conceptions eussent délivré la France malgré l'Europe, si la France eût voulu, ou plutôt si la trahison l'eût laissé faire.

Il était deux heures du matin. Après avoir donné tous les ordres nécessaires pour éteindre l'incendie allumé par les Russes et les Prussiens, l'Empereur, assis dans un vaste salon, situé au rez-de-chaussée du château, dictait à un secrétaire l'exposé des mesures qu'il entendait prendre pour indemniser la ville des pertes qu'elle venait d'éprouver. A dix pas de lui, dans les appartements et dans les jardins, les soldats avaient organisé des bivacs, et s'étaient couchés, vaincus par la fatigue, auprès des feux qu'ils avaient allumés. A l'exception des sentinelles, dont le pas uniforme retentissait sur les dalles ou sur la terre, et dont les avertissements passaient par intervalle sous les voûtes du vieux domaine, tout était devenu calme dans cette partie de la ville, et c'est à peine si des murmures confus montaient de temps à autre de la basse-ville vers le château, où se tenait Napoléon.

Cependant, malgré la présence de l'Empereur, un mouvement extraordinaire se manifesta tout à coup autour des bivacs, à l'arrivée d'un vieux militaire soutenant dans ses bras une jeune fille dont la pâleur et les traits bouleversés indiquaient assez la faiblesse et l'émotion.

C'était le sergent Chaudoreille et Marie.

En reconnaissant la jeune fille qui les avait conduits à Brienne, les soldats placés près des feux s'étaient empressés autour d'elle et interrogeaient tous le vieux sergent; mais celui-ci s'efforçait de gagner les appartements, afin de pouvoir donner à sa protégée les secours que réclamait son état.

En effet, la pauvre enfant semblait ne pas comprendre ce qui se passait autour d'elle, et son regard effaré s'arrêtait, fixe et atone, sur tous ceux qui interrogeaient le sergent. Seulement par instant elle s'attachait à lui avec une énergie fiévreuse, comme si elle avait craint qu'on ne l'en séparât.

Distrait par le bruit qui se faisait, l'Empereur releva la tête et reconnut la jeune fille.

— Qu'on m'amène cette enfant, dit-il en se levant... Que lui est-il donc arrivé ? demanda-t-il au sergent, montrant du doigt Marie, et en s'approchant d'elle avec intérêt.

En reconnaissant Napoléon, Marie s'élança vers lui, et se jetant à ses genoux : — L'Empereur s'écria-t-elle d'un ton d'ineffable satisfaction ! Oh ! Sire, sauvez-moi !

— Malheur à qui a porté la main sur cette enfant ; malheur à qui osera toucher un cheveu de sa tête ! C'est à elle que je dois d'être ici, c'est à son héroïque courage que nous devons d'avoir épargné ce soir beaucoup de sang peut-être inutilement répandu. Qu'on s'en souvienne, elle est sous ma protection.

Et, en parlant ainsi, il prenait dans les siennes les mains de Marie, toujours agenouillée devant lui, et s'efforçait de la relever. L'enfant, immobile à ses pieds, semblait ne pas l'entendre et versait d'abondantes larmes.

— Mais qu'est-il donc arrivé, demanda l'Empereur avec impatience, pendant qu'on prodiguait à Marie tous les soins imaginables : vous qui la ramenez, sergent, vous devez pouvoir me dire pourquoi elle est dans cet état?

— Mon Empereur, dit Chaudoreille en portant la main droite à son bonnet, voilà la chose en deux mots: Faut vous dire, mon Empereur, que je n'ai pas eu la chance d'être du nombre de ceux qui sont venus par là-haut et qui ont eu celui de tanner le cuir aux Prussiens ; mais n'y a pas de mal à ça, tout le monde ne peut pas aller à Corinque, comme disait mon capitaine ; j'étais donc là-bas de l'autre côté de la ville avec un détachement dont on m'avait donné le commandement, des gamins, hauts comme ça, dit le sergent en montrant la seconde capucine de son fusil, mais des vrais lions, ah ! dam, qui tapaient dur, mon Empereur.

— Continue, et tâche d'arriver, fit Napoléon.

— J'y vais, mon Empereur. Donc je commandais ce détachement de *Marie-Louise,* comme l'Impératrice, votre épouse, les a nommés, quand on vint nous annoncer que les Kinserlik filaient par en haut, attendu que le général Château venait d'entrer au château à la sourdine sans tambour ni trompette, et qu'il fallait leur barrer le passage. Ça nous allait joliment. Y avait plus d'un quart d'heure que nous étions là l'arme au bras. En avant les *Marie Louise!* et nous v'là partis. Il n'y a pas de mal à ça, pas vrai, mon Empereur? .... Nous n'avions pas fait deux cents pas en remontant du côté de la ville, lorsque nous apercevons une troupe de cavaliers prussiens qui se sauvaient à bride abattue ; comme vous le pensez, mon Empereur, nous croisons la baïonnette et nous barrons le passage. L'affaire s'engage. Les ennemis reculant toujours, nous nous rapprochons d'une masure voisine de la ville et dans laquelle on venait de mettre le feu. Une épaisse fumée sortait par le toit de cette bicoque, et il me sembla entendre des cris étouffés comme ceux d'une personne déjà presque mourante qui appelle au secours. Les Prussiens, battant en retraite, s'étaient ralliés à un autre corps de troupe, et nous n'étions plus en nombre pour les poursuivre; j'arrête les

Marie-Louise, et, suivi de quelques hommes, j'entre dans la maison. Qu'est-ce que je vois? Au milieu de la chambre qui était déjà tout en feu, et liée à une table, cette pauvre fille que voilà, et que les flammes auraient gagnée quelques minutes plus tard. Les gredins l'avaient attachée là!

L'Empereur fit un geste de colère et de dégoût; son noble regard brilla d'un feu sombre; puis, surmontant son émotion :

— Continue, dit-il au soldat.

— C'est tout, mon Empereur ; nous la délivrâmes, et comme nous la transportions, car la chère enfant n'avait pas la force de se soutenir, elle était comme folle, on nous dit que c'était elle qui avait fait entrer le général Château à Brienne. Oh ! alors, si vous aviez vu les *Marie-Louise* ! c'était à qui la porterait, à qui la soignerait. Quant à moi, j'ai laissé ma petite troupe à l'entrée du parc pour amener ici celle que nous avions sauvée. Voilà tout ce que je sais, mon Empereur.

— C'est bien, dit Napoléon, je me souviendrai de toi. Et se tournant vers un chirurgien qui faisait prendre un cordial à Marie :

— Docteur, ajouta-t-il, cette enfant est-elle en danger?

— Sire, dit le chirurgien, je crains que la terreur qu'a dû éprouver cette jeune fille ne l'ait frappée assez fortement pour que sa raison n'y ait point résisté; et, à moins qu'une crise salutaire n'agisse sur elle, je ne puis répondre de rien.

L'Empereur frappa du pied avec impatience. C'était chez lui le signe d'une contrariété violente.

— Les misérables, dit-il tout bas, s'en prendre à des femmes !

A cet instant un jeune homme, portant l'uniforme des Marie-Louise, entrait dans la pièce où s'était passée la scène que nous venons de raconter. Ses habits en désordre, sa figure empreinte d'une pâleur mortelle, sa démarche hésitante, son regard vague et vitreux, ainsi que de larges gouttes de sang qui tachaient sa chemise, annonçaient assez que ce jeune homme était grièvement blessé, et qu'il avait dû faire de grands efforts pour arriver jusque-là.

Sans paraître reconnaître l'Empereur, il s'arrêta un instant comme à bout de ses forces au milieu de la chambre, regarda autour de lui, et tout à coup, apercevant Marie près de laquelle était le médecin, sa physionomie, naguère si pâle, se colora d'une subite rougeur, et il porta les deux mains sur son cœur, comme pour y retenir la vie prête à s'échapper, en même temps qu'une sorte de cri de joie, impossible à rendre, s'exhalait de sa poitrine.

Et, faisant deux pas en avant, il tomba plutôt qu'il ne s'agenouilla aux pieds de la jeune fille, plus pâle et plus faible que jamais. Puis de grosses larmes coulèrent de ses yeux, et ce fut à peine si on put distinguer sa voix éteinte prononcer à plusieurs reprises le nom de Marie.

C'était le même soldat auquel Marie donnait ses soins avant l'entrée à Brienne, quelques heures auparavant.

A cette voix, la jeune fille tressaillit. Par un mouvement nerveux, elle se dressa sur ses genoux, les yeux hagards, les mains tendues vers le blessé qui ne l'entendait plus, et s'écria, avec toutes les marques d'une extrême terreur :

— Julien ! Julien ! sauve-moi. C'est lui, c'est

encore lui... Nous sommes perdus !... Il leur dit que c'est moi qui ai mené les troupes à Brienne... Et pour se venger ! ... Oh ! le feu ! le feu !

Et, poussant un cri terrible, Marie retomba inanimée sur le sol.

L'Empereur, comme tous les assistants, paraissait vivement impressionné par cette scène, lorsqu'un nouvel évènement vint faire diversion à ce spectacle navrant. Un homme de haute taille, traîné par plusieurs soldats, passa à quelques pas de là. En apercevant Napoléon, dont le bruit avait attiré l'attention, il le reconnut sans doute, car il répéta à plusieurs reprises et d'une voix empreinte de l'énergie du désespoir : — Je veux parler à l'Empereur. — Non, non, répétaient les soldats qui le retenaient, c'est un espion, il faut le fusiller. Et ils continuaient à l'entraîner pour mettre leur projet à exécution.

L'Empereur, qui avait entendu les paroles de cet homme et suivi la lutte inégale engagée entre celui-ci et les militaires qui le menaient à la mort, donna l'ordre qu'on l'amenât devant lui.

Cet ordre fut immédiatement exécuté.

— Qu'on le laisse libre, dit Napoléon... Qui es-tu, et comment t'es-tu trouvé ici ?

— Je suis de Reims, répondit le prisonnier ; mon état est celui de colporteur ; j'allais à Troyes, après avoir parcouru quelques villages voisins pour affaires de mon commerce, lorsque je suis tombé au milieu d'un corps ennemi. J'ai été amené ici, car on espérait tirer de moi quelques détails sur ce pays ; mais je n'ai pu rien dire ; on ne m'a pas moins gardé à Brienne. D'ailleurs, je ne pouvais plus partir, puisque vous attaquiez la ville. Hier soir le général Blücher m'a fait venir : — Voici, m'a-t-il dit, une lettre pour le général Schwartzemberg. Tu le trouveras dans les environs de Bar-sur-Aube. Si tu lui remets cette dépêche, tu recevras une bonne récompense. Ce que contient cette lettre ne saurait nous compromettre ; songe que tu n'as nul intérêt à nous vendre et tout avantage à nous servir. Pars donc et souviens-toi que nous sommes ici pour longtemps et que nous te retrouverons. — J'ai pris la lettre, Sire, et je me disposais à partir lorsque vos bataillons sont entrés ici. On m'a rencontré, on m'a fouillé, on a trouvé la lettre dont j'étais porteur sur moi, et on a voulu me fusiller comme un espion. Mais je vous le jure, Sire, mon intention n'était pas de remettre la lettre ; car je suis Français, et.....

— Où est-elle cette lettre ? fit l'Empereur.

Un officier la lui remit. Il la parcourut des yeux.

— C'est bien, dit-il ; nous saurons qui tu es ; et, si tu as dit la vérité, tu n'as rien à craindre. — Qu'on garde cet homme à vue jusqu'à nouvel ordre.

En parlant ainsi, l'Empereur continuait à lire la dépêche ; tout à coup sa physionomie, ordinairement si calme et dont il était toujours maître dans les circonstances les plus graves, laissa percer un éclair de joie soudaine ; et, se tournant vers deux généraux qui se tenaient près de lui :

— Messieurs, dit-il à voix basse, je tiens Schwartzemberg et Blücher. Ils ne pourront se rejoindre avant mon arrivée à Troyes, et une fois là....

L'Empereur s'arrêta, comme étonné lui-même d'avoir ainsi pensé tout haut.

Cependant un sourire de satisfaction mêlée d'une expression de haine profonde et vivace avait passé sur la figure du colporteur, auquel l'Empereur ne pensait déjà plus.

Napoléon quitta alors la pièce où s'étaient passées toutes les scènes que nous venons de retracer; mais, avant de sortir, il s'approcha du sergent Chaudoreille, qui était toujours resté près de Marie et de Julien, occupé à aider le docteur dans les soins qu'il prodiguait à tous deux :

— Je te la confie, dit-il : tu m'en réponds. — Il ne faut pas non plus abandonner ce jeune soldat, ajouta-t-il en montrant Julien.

— Soyez tranquille, mon Empereur : on veillera au grain....

— Brave fille tout de même, se dit à lui-même le vieux soldat en regardant Marie, quand l'Empereur eut quitté la salle ; vrai cœur d'or et de fer, bon pour les blessés, comme est une femme, et brave comme un vétéran. Quelle cantinière cette fille-là vous ferait! — Et celui-là, ajouta-t-il en montrant le jeune soldat, quel conscrit ! C'est dur au feu comme un vieux de la vieille... Quelle blessure, en pleine poitrine ! A la bonne heure, parlez-moi de gaillards comme ceux-là. — Puis, après un long soupir : — Et dire que moi aussi je pourrais avoir un grand beau garçon comme çà à aimer : mon fils, le fils de ma pauvre Marianne ! J'avais juré de l'élever, notre enfant, et je l'aurais fait. Mais, seul, abandonné, il est mort comme sa mère sur le champ de bataille... Qu'est-il devenu, s'il vit ? Oh ! sans cette blessure qui m'a mis au repos pendant près d'un mois, je l'aurais bien retrouvé alors ; mais quand ça a été mieux, il a fallu partir, quitter le pays où Marianne était morte le fusil à la main, la crâne femme, en vraie vivandière et en bonne mère qu'elle était, en me recommandant notre enfant.

Le vieux troupier essuya une larme qui coulait le long de sa joue cuivrée.

— Allons donc, reprit-il en toussant comme pour se dominer lui-même, tout ça c'est des bêtises ; on est soldat ou on ne l'est pas. Pour nous il n'y a pas de femme, il n'y a pas d'enfants ; il n'y a qu'une famille : le régiment ; qu'une patrie : le drapeau ; et puis, avant le régiment et le drapeau, l'Empereur ! Pour celui qui court le monde, le fusil et le sac sur le dos, exposé à chaque instant à recevoir une balle et à passer de vie à trépas du jour au lendemain, c'est absurde de se créer des attachements, et d'exposer une pauvre femme à devenir veuve, un pauvre enfant à devenir orphelin. —Et le vieux troupier toussa de nouveau.

A quelques pas de là, le prisonnier attendait toujours.

Voyant que l'Empereur était parti et qu'on le laissait sans rien décider à son égard :

— Eh bien, dit-il, camarades, maintenant qu'on ne me fusille plus, que va-t-on faire de moi ?

Il prononça ces mots avec un air d'assurance qui déplut à Chaudoreille.

— Vous êtes bien pressé, mon brave monsieur, fit-il en insistant sur ces mots ; vous n'étiez pas si impatient tout à l'heure quand on vous menait au mur du parc pour.... Mais l'Empereur a donné l'ordre de ne pas vous fusiller ;... il n'y a pas de mal à ça, et je n'ai rien à dire là-dessus, puisque c'est la volonté de l'Empereur. Cependant il serait bon de ne pas oublier que vous êtes toujours notre prisonnier, et que, par conséquent, nous ne sommes pas vos camarades.

Le colporteur réprima un mouvement de dépit et parut se résigner.

C'était un individu de haute taille, au teint bistré, au front bas, à l'œil gris et vif, mais presque constamment baissé vers la terre. Son nez long et pointu, ses lèvres pincées, donnaient à sa physionomie tous les caractères d'une volonté tenace, d'une persévérance opiniâtre et d'une violence réfléchie pouvant pousser le ressentiment jusqu'à la vengeance, la haine jusqu'à la cruauté. Au reste, de grands chagrins avaient dû éprouver cet homme, dont la force physique n'annonçait guère que quarante-cinq ans environ, et dont les cheveux, crépus et noirs, étaient argentés de nombreux poils blancs. Le corps, encore souple, décelait une organisation vigoureuse et endurcie à la fatigue ; l'ensemble du masque, dans les rares instants où la physionomie s'éclairait d'une sombre intelligence, eût présenté à un disciple de Lavater tous les indices d'une nature cruelle ; cependant on eût pu se demander en étudiant un à un tous les traits de cette physionomie, toutes les fibres de ce visage, si ces symptômes n'étaient pas plutôt le résultat des épreuves endurées par cet homme, des douleurs dévorées par lui, des labeurs et des fatigues qu'il avait supportés, qu'une sorte de stigmate imprimé sur ses traits par la Providence ; on eût pu se demander enfin si tout ce que ce front pâle et froid décelait de sombres passions n'avait pas été écrit là plutôt par la main de l'adversité que par le hasard de la nature, et s'il n'y avait pas dans cette existence de douloureux et terribles secrets.

Les deux enfants placés à quelques pas de lui et sur lesquels veillait le sergent Chaudoreille, d'après l'ordre de l'Empereur, présentaient un contraste frappant avec cette figure triste et vigoureusement accusée, portant en elle tous les signes du ravage, de la déception, des passions et du malheur. Chez eux, tout indiquait, malgré la pâleur mortelle de l'un et de l'autre, la confiance dans la vie, l'espérance, la foi dans les affections saintes et profondes, tous les sentiments qui exaltent et réchauffent le cœur et qui inspirent le dévouement et l'héroïsme.

Marie, âgée de seize à dix-huit ans au plus, était une jeune fille aux formes délicates et frêles, admirablement prise dans sa petite taille ; aux yeux et aux cheveux noirs, aux cils longs et soyeux, aux traits fins et candides. Tout en elle respirait la bonté ; mais cette douceur angélique n'excluait, nous avons déjà eu occasion de le voir, ni la fermeté, ni le courage, dans cette nature capable des plus mâles actions, lorsque les circonstances surexcitaient chez elle les instincts généreux qui formaient le fonds de son tempérament, essentiellement nerveux et impressionnable.

Julien, soldat attaché comme *Marie-Louise* au 113e régiment d'infanterie, et qui avait été blessé, ainsi que nous l'avons dit, lors de la première attaque de Brienne, était un jeune homme au teint blanc, aux cheveux blonds, aux yeux bleus, ne paraissant pas ses vingt années ; car c'était à peine si quelques poils follets ombrageaient son menton et si une légère moustache surmontait sa lèvre supérieure. Néanmoins on se serait trompé en jugeant le jeune soldat sur cette faiblesse apparente et sur la teinte mélancolique pleine de mansuétude empreinte dans sa physionomie. Bien que l'entraînement dût être chez lui moins instantané que chez Marie, bien que la résolution plus froide suivît moins rapidement la pente de l'imagination, elle n'était ni moins sûre ni moins généreuse, et les élans du cœur, pour être moins spontanés peut-être, étaient aussi nobles et aussi élevés. Il portait, ainsi que nous l'avons dit, l'uniforme des *Marie-Louise,* c'est-à-dire une capote de drap gris, une culotte noire avec des guêtres de même couleur, et une sorte de casquette de forme féminine et de couleur sombre formait sa coiffure. Quant à Marie, elle était vêtue du costume simple et propre des paysannes des environs de Brienne.

CHAPITRE II

LES ORPHELINS

Ces deux enfants réunis dans la même infortune, — ils étaient orphelins, tous deux, — s'étaient pris l'un pour l'autre d'une affection de frère et de sœur, qui grandit avec l'âge.

Nous l'avons dit, un malheur commun les avait tout d'abord rapprochés. Ils n'avaient ni l'un ni l'autre de famille. Tous deux étaient des enfants trouvés, recueillis par la charité publique.

Un matin, — c'était en 1794, l'armée de Sambre-et-Meuse venait de repousser l'ennemi de nos frontières, et Dumouriez avait, quelques mois auparavant, sauvé l'indépendance nationale à Valmy, — des habitants de la petite commune de Morvilliers, en allant à leurs travaux, avaient trouvé, à quelques lieues du village, sur un caisson abandonné, un enfant dont personne ne connaissait l'origine, et qui ne portait pas d'autre signe de reconnaissance qu'une cocarde tricolore sur laquelle deux lettres avaient été brodées. Toutes les recherches faites pour savoir comment cet enfant avait été laissé là furent inutiles, et un honnête cultivateur du pays, nommé Julien Mégret, qui n'avait jamais eu d'enfant de son mariage avec une brave et digne femme, Françoise Neveu, se chargea d'élever celui-là, qu'on appela de ce jour le petit Julien.

Quelques années se passèrent, sans autres événements pour le petit village de Morvilliers que l'écho lointain des victoires du général Bonaparte et des armées républicaines ; mais un jour Françoise devint mère, et l'enfant du sang vint prendre dans la maison de Julien Mégret la place de celui qui l'avait longtemps occupée seul et qui n'avait plus maintenant que celle de l'hospitalité. Le fils adoptif redevint tout simplement l'orphelin.

A la même époque, un autre événement vint aussi préoccuper la curiosité du village. Pendant une nuit d'été, la veille de la fête de l'Assomption, quelqu'un s'introduisit dans l'église de la petite commune, et quand, le matin, le respectable pasteur, qui avait charge d'apprendre à la jeunesse la morale divine, se rendit à l'autel pour y dire sa messe de tous les jours, il trouva sur cet autel, devant le saint tabernacle et comme sous l'égide de Dieu, une petite fille, enveloppée dans des langes brodés, avec ces seuls mots : « Gardez-la, sa mère la réclamera un jour ; d'ici là elle vous bénira. » Le bon curé prit l'enfant dans ses bras, l'éleva vers Dieu qu'il avait invoqué, et se promit d'exaucer le vœu de la mère inconnue qui avait ainsi confié son enfant à la maison du Seigneur. Quelques heures plus tard la petite fille était baptisée et placée sous l'invocation de Marie, la Vierge Sainte, fêtée dans cette journée.

Voici comment la population de Morvilliers s'augmenta d'un enfant du sexe féminin, le 15 août 1796, et comment, au lieu d'un seul orphelin dans le village, il y en eut deux à compter de ce jour.

Les orphelins grandirent, et leurs familles adoptives furent pour eux, nous devons le dire, pleines de soins et de bonté ; mais Julien, malgré son bon naturel, n'avait pu voir sans peine un enfant prendre sa place dans l'amour et dans la maison de ceux qu'il avait regardés longtemps comme ses parents. Son intelligence, aussi précoce que sa fierté, lui permit d'apprendre de bonne heure ce qu'il était et comment il se trouvait là, lui second, sous ce toit où il avait été accueilli le premier. Son cœur, sans perdre rien de l'amour qu'il avait pour son père et sa mère adoptifs, ne put cependant supporter sans contrainte cette situation pénible à son affection et à son amour-propre. Ses camarades l'avaient plaisanté quelquefois à ce sujet ; son caractère se ressentit des peines cachées qu'il éprouvait : il devint triste, taciturne, se prit à rechercher et à aimer la solitude, si bien qu'à part les heures de travail, et alors qu'il était encore tout enfant, on le trouvait presque toujours seul dans quelque vallon écarté, au bord de quelque ruisseau, caché sous l'épais rideau des peupliers et des saules. Ses parents adoptifs s'aperçurent et s'inquiétèrent de ces dispositions à la tristesse, dans un enfant si jeune. C'étaient, au demeurant, de fort braves gens que le père et la mère Mégret, les fermiers de Morvilliers. Ils avaient toujours traité et ils traitaient encore Julien comme leur propre fils ; ils lui avaient fait donner toute l'instruction qu'il était possible de donner alors aux enfants ; ils lui avaient appris à lire, à écrire et à compter ; le curé du village avait achevé cette éducation par des préceptes religieux, par quelques bonnes lectures, et surtout par des conversations pleines de bon sens et empreintes toujours de cette morale si facile à comprendre et à retenir, qui est la morale de l'Eglise Catholique, en même temps qu'elle est le langage du cœur.

Le père et la mère Mégret, ainsi que nous l'avons dit, s'étaient inquiétés de cet état auquel ils ne comprenaient rien et qu'ils considéraient comme une maladie. Ils s'adressèrent au curé, comme ils s'adressaient à lui dans toutes les circonstances graves ou embarrassantes. Celui-ci fit venir Julien et l'interrogea. L'enfant répondit à son vieil ami qu'il aimait les bois verts, le ciel bleu, l'eau qui court et l'espace qui s'enfuit, mais qu'il aimait aussi ses bienfaiteurs, et qu'il ne savait pourquoi on le trouvait triste, alors qu'il n'avait aucun autre chagrin que celui de ne pas savoir s'il avait un père et une mère dans ce monde. Il n'y avait rien à dire à cela ; néanmoins, le pasteur engagea son jeune élève à le venir voir souvent, à l'aider dans la culture du petit jardin enclavé dans son modeste presbytère, tout cela pour le distraire et causer avec lui.

Le jeune homme vint, vint souvent, car le vieillard était le seul à qui il pût ouvrir son cœur ou qui le devinât à demi-mot. Dans ses visites, il vit la petite fille que le curé de Morvilliers avait adoptée le jour de l'Assomption. C'était comme lui une orpheline dont nul ne connaissait la famille ; il y avait entre Julien et cette petite fille tant de points d'affinité, qu'il se prit à l'aimer d'une amitié profonde. Dès lors, ses visites au presbytère furent plus fréquentes encore, et un jour arriva où, ces deux enfants devenus un beau jeune homme et une fraîche jeune fille, le bon curé fut tout étonné d'apprendre, par une langue officieuse, que l'attachement de Julien et de Marie et leurs relations quotidiennes faisaient jaser les beaux-esprits du village.

Malgré les avertissements tout paternels du pasteur, Julien n'aurait pas renoncé à voir Marie, et il ne s'était jamais figuré qu'il pût la quitter ou cesser de la voir. Cependant le temps et les événements avaient marché ; l'Empire, après avoir fourni sa carrière de glorieuses victoires, était arrivé à son déclin ; les plus imprévus et les plus épouvantables revers étaient venus frapper le colosse napoléonien ; l'étoile du héros avait pâli tout à coup, et les levées d'hommes devenaient partout plus fréquentes et plus nombreuses. Un jour Julien fut appelé à la mairie, on lui mit entre les mains une feuille de route, et, sans avoir le temps de se reconnaître, il partit avec quelques autres jeunes soldats nouvellement incorporés, après avoir promis à Marie de revenir bientôt. Et un jour éclata comme un tonnerre sur le pays entier, et surtout sur l'Alsace, la Lorraine et la Champagne, cette nouvelle terrible : La France est envahie. Ce cri vint retentir au cœur du plus petit village ; et parmi les troupes françaises qui vinrent à la défense du pays, Julien arriva. Le bon curé était mort. Marie rejoignit la troupe. « Je soignerai les malades et les blessés, avait-elle dit ; ma place est là-bas ; car je n'ai plus personne ici. »

Dans un engagement qui eut lieu entre Soulaines et Morvilliers, près de la ferme de la Chaise, située sur la route de Brienne, le jeune soldat se fit remarquer d'abord ; à la première attaque de Brienne, il fut grièvement blessé.

Voilà pourquoi nous avons trouvé Marie agenouillée et pleurant auprès de lui, et comment les événements que nous venons de raconter expliquent l'attachement de ces deux jeunes gens l'un pour l'autre.

Nous revenons maintenant au château de Brienne.

Le prisonnier avait paru se résigner. Jetant un regard oblique sur le groupe formé par Marie, Julien et le vieux soldat, il avait fait comme tous ceux qui se trouvaient rassemblés dans la grande salle du château, et, cédant à la fatigue, il s'était couché à terre, la tête appuyée sur sa balle qu'il n'avait pas quittée. Peu à peu ses yeux s'étaient fermés. Cependant on eût dit qu'ils se rouvraient de temps en temps pour suivre les mouvements de Chaudoreille, absorbé dans ses souvenirs.

Les deux jeunes gens reposaient. Le silence

était devenu profond dans cette enceinte tout à l'heure si bruyante, et le bruit de la ville où les secours s'étaient organisés et où les travailleurs luttaient encore contre les ravages de l'incendie, n'arrivait plus que comme une rumeur lointaine et confuse, augmentée par instants de la chute d'un édifice et des cris de désespoir des pauvres incendiés. Insensiblement les feux allumés dans le parc et dans la vaste cheminée de la salle, n'étant plus entretenus par les soldats endormis, étaient devenus moins brillants, et les jets de la flamme agitée et tordue par la bise projetaient, sur les panneaux et les boiseries, les ombres et les reflets capricieux et fantasques des lueurs mourantes d'un foyer qui s'éteint.

L'obscurité était devenue presque complète au milieu de ce bivac improvisé. Seuls les avertissements des sentinelles, placées aux abords des bâtiments, rompaient, avec la respiration bruyante des dormeurs, la monotonie de ce silence lugubre.

Le colporteur dormait sans doute lui aussi.

Cependant on eût dit que par instant son corps, comme celui d'un serpent, s'avançait en rampant par des mouvements presque imperceptibles et se rapprochait d'une fenêtre placée à quelques pas de là, dans un angle étroit que personne n'avait choisi comme trop éloigné du foyer.

Cet angle était le point le moins éclairé de la salle.

La manœuvre du prisonnier fut sans doute bien lente et bien prudente, car aucun bruit ne vint le trahir, Chaudoreille ne s'en aperçut pas. La tête appuyée sur sa main, toujours placé auprès des deux jeunes gens que l'Empereur lui avait confiés, le sergent se perdait dans les souvenirs de son passé, et le colporteur, allongeant chacun de ses membres, comme un reptile fait de ses anneaux, arriva sans lui avoir donné l'éveil jusqu'au pas de la fenêtre dont nous avons parlé.

Alors, portant autour de lui un regard profond, il sembla de son œil perçant interroger le silence et la nuit; puis, s'élevant jusqu'à la hauteur de la fenêtre au moment où le factionnaire placé au dehors venait de la dépasser, il l'ouvrit par un mouvement rapide et sauta dans le parc, dont le sol était, de ce côté, placé à quelques pieds plus bas que la fenêtre.

A ce bruit soudain, mais dont il ignorait encore la cause, le sergent se leva et courut vers la fenêtre restée ouverte. Au moment où il y arrivait, le factionnaire qui venait de voir sauter un homme criait : Qui vive ! Et, comme ce qui vive restait sans réponse et que l'homme fuyait toujours, le soldat ajusta l'homme et tira.

La lumière projetée par le coup de feu éclaira le fuyard qui s'était retourné. Etait-ce un effet de la nuit, sa physionomie ainsi illuminée semblait pleine de haine et de menace ?

— Mille carabines ! s'écria Chaudoreille en le reconnaissant, c'est l'espion..... Aux armes !

Mais, au même instant, Marie qui avait suivi instinctivement le soldat en s'attachant à lui, quand il s'était levé d'auprès d'elle, Marie placée debout derrière lui, poussa un cri terrible rempli d'un effroi indicible : C'est lui ! c'est l'assassin !...

De tous côtés on était accouru, de tous côtés on brandissait des armes.

— Il est là, fit Chaudoreille en montrant du doigt un bouquet de bois de sapins dont la couleur foncée faisait ombre même dans l'ombre, et tout en soutenant Marie dans ses bras, tirez là.

Plusieurs coups de fusil retentirent encore ; puis un voix stridente, une sorte de rire aigu et sarcastique, traversant l'espace, leur répondit.

Alors des hommes se mirent à la poursuite du colporteur ; mais toutes les recherches furent inutiles ; et le jour se leva sans qu'on eût pu le retrouver.

Dès le matin, l'Empereur, sans s'informer du prisonnier, faisait partir des ordonnances dans toutes les directions.

Marmont recevait l'ordre de quitter Saint-Dizier, et la petite armée, réunie à Brienne et dans les environs, prenait toutes ses dispositions pour se déployer bientôt.

Mais la rupture du pont de Lesmont devait obliger Napoléon à ne pas marcher sur Troyes dès le lendemain, comme il le voulait.

Schwartzemberg, qu'il croyait encore bien loin, était près de lui, et la bataille de la Rothière allait commencer les désastres de l'armée de Champagne.

Avant d'arriver à cette bataille de la Rothière, avant de suivre l'Empereur dans cette lutte inouïe contre le nombre et la trahison, revenons un instant sur nos pas, et voyons comment et dans quelles circonstances le sergent Chaudoreille avait arraché Marie à une mort imminente.

CHAPITRE III

LE SUPPLICE DU FEU

Recueillons ici les événements qui avaient mis ainsi les deux enfants en danger de la vie. — Lorsque le dernier homme du corps de troupe que Marie avait fait entrer à Brienne eut mis le pied dans le parc du château, — la jeune fille reprit seule le chemin qu'elle venait de parcourir, et, sans paraître sentir la fatigue qui devait l'accabler, elle revint à la masure occupée par l'Empereur et où elle avait laissé Julien.

Napoléon venait de la quitter pour établir son quartier-général à Maizières, dans la maison curiale. Durant ce trajet, il avait couru les plus grands dangers ; son escorte avait été assaillie par une bande de Cosaques, et le général Gourgaud avait abattu un des cavaliers aux pieds de l'Empereur d'un coup de pistolet. Les autres avaient alors pris la fuite. L'Empereur avait tenu à prendre possession de Maizières, qui, par sa situation, pouvait lui être très utile, dans le cas où les troupes de Blücher opèreraient leur retraite de ce côté. Voilà pourquoi il n'avait pas hésité à s'y rendre, malgré l'obscurité de la nuit et les périls qu'offrait la route. Mais, à peine installé à Maizières, il le quittait pour se rendre à Brienne, après avoir donné les ordres nécessaires à ses desseins.

Marie trouva donc l'habitation solitaire ; seul Julien y était resté. C'était lui qu'elle cherchait. Le jeune homme dormait d'un sommeil moins agité ; il respirait maintenant librement, et le sang avait cessé de couler de sa blessure. Un reste de feu, allumé dans l'âtre, éclairait à peine le triste réduit ; elle en raviva la flamme, rapprocha le blessé du foyer, car la nuit devenait de plus en plus froide, et le vent du nord qui soufflait avec violence depuis quelques instants commençait à durcir la terre et à former de blanches grappes de givre aux branches des arbres et aux haies vives des chemins.

Quand elle fut installée près du blessé, elle se mit à le contempler longtemps d'un regard plein de la tendresse affectueuse d'une sœur, et se baissant jusqu'à son front uni et pâle, elle sembla l'écouter respirer.

Julien ouvrit les yeux et reconnut Marie.

—Où donc es-tu allée? dit-il. Il me semble qu'il y a un siècle que tu m'as quitté..... Il y avait ici tout à l'heure, aujourd'hui, hier, je ne sais plus quand, des officiers, beaucoup de monde et beaucoup de bruit ;... je crois avoir entendu prononcer le nom de l'Empereur,... je ne me souviens plus de tout ce qui s'est passé ; mais ce dont je me souviens bien, c'est que tu étais là et que tu as disparu tout à coup;.... et puis il m'a semblé qu'un fracas horrible se faisait autour de moi, que le canon et la mousqueterie tonnaient tout près,.... à mon oreille, à mon chevet, que des gémissements remplissaient l'espace et que des cris de désespoir se mêlaient à des craquements épouvantables.... C'était un songe affreux, un cauchemar abominable..... Il me semblait que cette fois la vie s'en allait décidément de moi ...

Je souffrais, oh ! je souffrais cruellement, car je sentais que j'allais mourir......

En disant ces mots entrecoupés d'une sorte de râlement produit par sa blessure, Julien avait saisi convulsivement les mains de la jeune fille et les pressait dans les siennes. Une sueur abondante sortait en gouttelettes glacées sur ses tempes, et ses dents claquaient sous le frisson de la fièvre. Marie l'interrompit vivement :

— Ne parle pas, je t'en supplie, dit-elle.... Me voici, mon ami, mon frère. Et je ne te quitterai plus. Sois calme, il le faut, si tu veux vivre....

Julien la regarda encore de ce regard singulier auquel la souffrance donnait un caractère effrayant, et il fit un effort pour parler ; Marie l'interrompit vivement.

— Ecoute, reprit-elle. Je vais te dire pourquoi je t'ai quitté et tu ne m'en voudras pas.... Ainsi que tu croyais t'en être aperçu, l'Empereur était ici il y a deux heures ; et, te voyant blessé grièvement, il te fit transporter dans cette cabane. J'y étais aussi pour te donner mes soins. Pendant ce temps, les efforts pour prendre

Brienne continuaient, et les hommes tombaient comme des mouches.... Tu étais là, devant moi, blessé ; mais on venait de me promettre que tu vivrais, et je songeais à tous ceux qui allaient mourir, eux, comme tu avais failli périr, toi, dans ces terribles et meurtrières attaques.... Près de moi, l'Empereur, vivement ému, maudissait la fatalité qui clouait ses bataillons aux portes de la ville.... Alors une pensée me traversa l'esprit.... Tu sais combien de fois nous avons été ensemble à Brienne, par le sentier qu'on appelle le chemin des Chèvres, et qui gagne le parc par la montagne. Sans doute l'ennemi ne connaissait pas ce chemin ; et, si les jardins n'étaient pas gardés de ce côté, nos soldats pouvaient entrer à Brienne, sans qu'il y eût désormais plus de victimes.... Alors je me levai, et je contai mon projet à l'Empereur.... Voilà pourquoi tu as été si longtemps sans me voir ; car j'ai réussi,... et l'Empereur est maintenant au château.

— Oh ! c'est bien ce que tu as fait là, dit Julien en baisant les mains de Marie ; c'est bien ! Tu es une noble fille !...

Il se fit un silence. — Les deux enfants se contemplèrent longtemps sans prononcer un seul mot : mais que d'affection vraie, que de dévouement, quelles éloquentes promesses il y avait dans ce langage muet! Comme il disait bien qu'abandonnés de tous, que seuls au monde, n'ayant auprès d'eux personne sur qui s'appuyer, ils s'appuyaient l'un sur l'autre pour supporter les peines, les douleurs et les épreuves de ce monde!

Jetées dans d'autres temps, ces deux existences se seraient écoulées calmes et uniformes ; heureuses d'un bonheur facile à conquérir, puisqu'elles le trouvaient en leurs cœurs, elles n'eussent rien cherché en dehors d'elles-mêmes ; mais, placées au milieu des événements qui allaient s'accomplir, elles étaient destinées à y prendre une part active et à y jouer un rôle important.

Ces deux humbles enfants, ces deux pauvres orphelins, réunis dans une même fatalité, l'un trouvé sur un caisson abandonné, l'autre confié à la sauvegarde de Dieu, allaient occuper une place dans ce drame militaire de la campagne de France ; leur dévouement, comme tant d'autres dévouements inconnus ou oubliés depuis, allaient seconder le grand homme dans sa lutte contre les armées ennemies et l'adversité coalisées contre lui.

Cependant, depuis quelques instants, un nouveau personnage était entré dans la masure occupée par Julien et Marie. Ni l'un ni l'autre ne s'était aperçu de l'arrivée de cet homme, dont les souliers, couverts de neige, ne rendaient aucun bruit sur le sol.

Il avait entendu tout le récit de Marie ; abandonnant l'angle obscur où il s'était tenu immobile, tant que la jeune fille avait parlé, il s'avança vers elle et le soldat blessé, et apparut devant eux comme un fantôme menaçant.

La figure de cet homme avait en effet quelque chose de sinistre ; ses lèvres contractées, ses yeux qui brillaient d'un feu sombre, décelaient tout d'abord en lui un ennemi acharné.

Dès qu'elle l'aperçut, Marie se leva, comme pour défendre son frère d'adoption. D'un geste le nouveau-venu l'arrêta.

— C'est donc toi, dit-il avec un accent de

rage contenu, c'est donc toi, fille de l'enfer, qui as livré Brienne au mauvais génie de la France ? Ah ! tu fais l'héroïne ! Tu sers et tu défends le fléau des familles, celui qui a enlevé plus de fils à leurs mères que la peste n'a compté de victimes en dix siècles, celui qui a fait couler plus de larmes que les grands fleuves ne portent de gouttes d'eau à l'Océan : ah ! tu sers celui à qui j'ai juré haine, haine profonde, vengeance implacable, l'Empereur bien amoindri déjà, que l'on adorait à genoux il y a quelques mois, et qui marche aujourd'hui vers sa perte ; tu joues à la Jeanne d'Arc, c'est bien ! tu mourras comme elle.

Marie était restée immobile, terrifiée.

Il y avait tant de haine dans la physionomie de cet homme qui ne la connaissait pas et qui la menaçait, un ressentiment si terrible se lisait sur tous ses traits contractés par la colère, dans son regard plein de flamme, qu'elle se sentit frissonner sous ce regard, que tout son sang se glaça dans ses veines, et qu'elle eut peur. Elle, la vaillante fille qui avait conduit des soldats au feu, quelques heures auparavant, sans sentir son cœur battre plus vite ; elle qui avait entendu les balles siffler autour d'elle sans baisser la tête, elle eut peur ! Devant cet homme qui lui apparaissait comme le génie du mal, la menace à la bouche, et qui ne lui parlait que de vengeance, à elle qui ne savait vivre que de dévouement et qui ne comprenait des passions que le côté noble et généreux, elle eut peur !

— Mais qui êtes-vous donc ? s'écria-t-elle, éperdue de terreur.

— Qui je suis, répondit l'étranger, d'une voix stridente : Je suis, je te l'ai dit, la haine et la vengeance ! je m'appelle la trahison ! et je dois être pour ton Empereur comme ces apparitions fatales qui forment le cortége de l'homme battu par l'adversité. Il y a longtemps que je le suis ! Partout où une défaite l'a frappé, partout où un grand malheur l'a éprouvé, partout où une heure néfaste s'est levée pour lui, j'étais là ; partout où une trahison est venue entraver ses projets, briser ses desseins, j'étais là ! et souvent j'avais aidé le hasard et préparé la fatalité ; c'est moi qui ai brandi la première torche à Moscou, j'étais sur le Rhin en 1813, j'étais au congrès de Prague, j'étais de la conspiration politique de l'Angleterre, j'étais avec Mallet de la conspiration des poignards;..... aujourd'hui, je suis encore là, et aujourd'hui peut-être, malgré toi, je l'ai perdu...

L'étranger s'arrêta. Marie écoutait ses imprécations avec une sorte d'étonnement superstitieux mêlé de crainte et de pitié. Cependant elle avait repris sa fermeté.

— Je ne vous comprends pas, dit-elle; mais il me semble que vous avez dû bien souffrir, que vous devez bien souffrir encore : car c'est une chose bien affreuse que la haine!... Pour moi, je ne vous ai rien fait, je ne vous connais pas : pourquoi me menacez-vous? Je suis ici pour secourir mon ami, mon frère, un soldat, un blessé. Laissez-moi donc faire mon œuvre en liberté...

— Ah ! c'est ton ami, ton frère, fit l'étranger avec un rire sauvage. C'est bien, nous ne vous séparerons pas.

Et, sortant un instant de la cabane, il poussa un sifflement aigu.

Quelques instants après, il rentrait avec

plusieurs officiers et soldats prussiens ; il leur parla quelque temps en allemand, et assez bas pour qu'on ne pût distinguer ses paroles ; seulement, à mesure qu'il parlait, une sorte d'indignation ou de colère semblait gagner ceux à qui il s'adressait ; et bientôt leurs regards, pleins de sombres menaces, vinrent indiquer à Marie que c'était d'elle qu'il était question.

Julien avait suivi cette scène sans bien la comprendre. Son esprit, affaibli par la fièvre, n'avait pu bien saisir le sens des paroles échangées entre l'étranger et Marie ; mais il avait vu le mouvement qui s'était fait dans la chaumière, et, de son lit de douleur, il pouvait distinguer les figures sinistres des nouveaux-venus.

Il comprit que Marie allait courir un grand danger.

Alors, rassemblant toutes ses forces, pendant que Marie, immobile et le dos tourné, attendait toujours haletante, et cherchait à deviner l'issue de cette scène, il parvint à se soulever sur ses genoux, et, se traînant jusqu'à une petite table placée au milieu de la salle, il se hissa pour ainsi dire sur elle. Brandissant son sabre qu'il avait mis à la main, il se posta fièrement devant Marie dans une attitude qui ne permettait pas de douter de la résolution prise par lui de mourir en la défendant, et de faire payer chèrement sa vie.

Un murmure qui ressemblait à des grognements sourds accueillit cette manifestation du jeune homme, vers lequel Marie s'était précipitée, en tournant ses mains suppliantes du côté des étrangers. Alors plusieurs d'entre eux s'avancèrent sur Julien, s'apprêtant à faire usage de leurs armes; et une lutte, — lutte inégale s'il en fut, mais acharnée des deux côtés, — commença entre cet homme qui se mourait, combattant seul contre dix, — et ces dix hommes qui l'attaquaient, dont plus d'un apprit à connaître ce qu'il faut redouter de la vaillance désespérée.

Mais, à la fin, la force vint trahir le courage du jeune homme. Il tomba épuisé, mais menaçant encore, et Marie, folle de terreur, tomba auprès de lui.

Alors se passa une scène épouvantable.

On frappa de coups de crosse le corps inerte du jeune homme; puis, saisissant Marie, quelques-uns de ces barbares l'attachèrent avec des cordes à la lourde table qui formait tout l'ameublement de cette triste demeure.

A cet instant, quelques coups de feu et le bruit du galop d'un corps de cavaliers retentit au loin.

Il fallait se hâter ; un des soldats autrichiens, — faut-il honorer de pareils hommes du nom de soldats, — prit un charbon ardent dans le foyer, et le lança sur un monceau de paille placé dans un coin de la pièce.

Celui que nous avons vu d'abord seul dans la chaumière sortit aussi.

La flamme éclaira la pièce d'une lueur éclatante : Marie revint à elle. Elle vit l'incendie ; elle vit Julien auprès d'elle menacé de mourir aussi dans des souffrances horribles, elle ne pensa qu'à lui ; et, faisant un effort inouï pour rompre ses liens, elle souleva la lourde table à laquelle elle était attachée. Mais la table retomba avec elle et comme elle, en lui meurtrissant les membres.

Alors elle poussa un cri terrible : ce cri formidable du désespoir, que tout être vivant trouve dans sa poitrine aux circonstances solennelles du malheur ; puis elle s'affaissa sur elle-même et parut prier.

Le bruit d'une vive fusillade engagée à peu de distance de la chaumière se rapprochait à chaque instant.

L'incendie gagnait, gagnait toujours ; une fumée épaisse commençait à remplir la masure, et la respiration allait manquer aux deux enfants.

Cette nouvelle angoisse agit encore sur Julien. La vie se réveilla en lui. Il ouvrit les yeux, vit la flamme qui l'entourait, s'efforça de se soulever et de se traîner jusqu'à Marie ; mais ce fut en vain, il tomba la face contre terre en prononçant son nom. Celle-ci répondit à cet adieu ; elle leva les yeux au ciel avec une sainte résignation, et attendit.

La flamme venait déjà lécher les pieds de la table à laquelle elle était liée, et, devant elle, gagnait la paille sur laquelle Julien était étendu.

Ainsi que l'avait dit l'étranger, Marie allait mourir comme Jeanne d'Arc.

La Providence semblait avoir abandonné ces deux pauvres créatures.

Mais tout à coup les derniers bruits de la fusillade se rapprochent; des pas se font entendre près de la chaumière dont la porte vole en éclats, et le sergent Chaudoreille, suivi de plusieurs Marie-Louise, pénètre, malgré la fumée, dans la chaumière qui, quelques minutes plus tard, allait devenir un tombeau.

Julien et Marie étaient sauvés.

Le jeune soldat était mourant, et Marie, épuisée par les émotions qu'elle avait éprouvées, ne prononçait que des paroles sans suite, que des phrases incohérentes. La terreur avait ébranlé sa raison, et une sorte de prostration physique et morale avait succédé à l'énergie fiévreuse qui l'avait soutenue dans cette longue et terrible nuit.

On abandonna la chaumière qui brûlait toujours, et qui s'abîma bientôt au milieu des flammes; on improvisa un brancard où l'on plaça les deux jeunes gens, et la petite troupe prit le chemin de Brienne.

Le lecteur sait comment Marie fut conduite à

l'Empereur, et comment Julien, qui avait été laissé dans une ambulance voisine, trouva encore la force de la rejoindre.

Quant au colporteur, — car c'était lui qui avait si cruellement sacrifié Marie à son ressentiment, — il avait repris le chemin du château, dans les environs duquel il avait été arrêté. C'était là du reste son dessein : il voulait voir Napoléon, et il avait réussi à lui remettre la prétendue dépêche de Blücher sur laquelle l'Empereur devait baser tous ses plans ; puis il était parvenu à s'échapper et on n'avait pu le rejoindre. Seulement Marie l'avait reconnu ; elle sentait qu'elle devait le retrouver sur sa route, et désormais, la lutte était engagée entre elle et cet homme, comme entre le génie du bien et le génie du mal.

Qui triomphera ?

CHAPITRE IV

LA GÉNÉRALE. — PREMIÈRE MANCHE. — BATAILLE DE LA ROTHIÈRE.

Quelques jours après les scènes que nous venons de raconter, le sergent Chaudoreille, Lenfumé et un grand nombre de Marie-Louise étaient réunis dans une des grandes salles du château de Brienne, près de laquelle on avait établi une ambulance, et devisaient des événements qui venaient de s'accomplir.

— Dites donc, sergent, fit un jeune soldat à la mine éveillée, nouvellement incorporé dans les Marie-Louise, est-ce vrai, ce que disait ce matin le tambour Finot que Mlle Marie est la cousine-germaine de Julien à la mode de.... Morvilliers, à preuve que celui-ci n'a jamais connu son père ni sa mère....

Et l'enfant se mit à rire.

— Mon petit bonhomme de papier mâché, reprit sévèrement le sergent, Mlle Marie est la cousine-germaine du bon Dieu, c'est le seul parent qu'on lui connaisse ; et ceux qui font des plaisanteries là-dessus, y compris le tapin Finot, tout finot qu'il est, et les Marie-Louise, tout gentils qu'on les dit et tout braves qu'on les sait, pourraient fort bien aller passer quelques heures à la salle de police,... lors de la prochaine affaire, au lieu de les passer au feu,... à moins qu'ils n'aiment mieux qu'on les mette au pain sec.

Le Marie-Louise fit un mouvement de mauvaise humeur.

— D'ailleurs, ajouta le sergent, ce n'est pas bien de reprocher à une noble fille comme elle : quoi ? De n'avoir pas une mère pour l'aimer, la protéger et en être fière ; car y a de quoi, et tous les loustics de l'armée n'empêcheront pas les braves, les vrais braves, de la respecter et de lui faire le salut militaire, comme à une grosse épaulette ; entends-tu, petit ?

Le jeune soldat était devenu rouge comme une demoiselle.

— Mon Dieu, sergent, dit-il vivement, je n'ai

pas eu l'intention de vous offenser, pas plus que Mlle Marie. Dame, on cause au bivac, et faut bien parler de quelque chose pour ne pas s'ennuyer. Et puis, vous avouerez bien que c'est drôle : on assure qu'elle ne quitte pas plus le camarade Julien que son ombre : nous autres, nous ne voyons pas pourquoi ?...

— Motus, petit ; Julien c'est son ami d'enfance, et vous, vous ne lui êtes rien que ses obligés : sans elle, sait-on combien d'entre vous seraient entrés à Brienne ? Ces gueux de Russes et de Prussiens auraient continué à vous hacher menus comme chair à pâté ; ça avait bien commencé, ma foi... Et puis d'ailleurs, soyez tranquilles, laissez gronder le canon, laissez venir la bataille, et vous la reverrez près de vous, près de vos blessés. Oh ! elle n'est pas égoïste, allez, et elle a de bons soins et de bonnes paroles pour tous ceux qui souffrent.

— A la bonne heure ! c'est tout ce que nous demandons, nous voulons qu'elle soit des nôtres ; et tenez, sergent, ce matin nous avons décidé que nous lui donnerions un grade dans notre corps ; aussitôt qu'elle sera tout à fait rétablie, nous la nommons générale des Marie-Louise. Ça fera plaisir à l'Impératrice, qui nous a appelés sous les drapeaux, de nous savoir commandés par une générale.

— Oui ; oui ! s'écrièrent plusieurs jeunes soldats de la même arme qui avaient suivi de loin la conversation du sergent et de leur camarade : générale des Marie-Louise !

A cet instant Marie sortait d'une pièce voisine et elle avait entendu ces dernières paroles.

Dès qu'elle entra, tous les jeunes soldats poussèrent le cri de : *Vive la générale des Marie-Louise !*

— Bravo; bravo! s'écria en riant le vieux sergent : à la bonne heure, il n'y a pas de mal à cela, nous avons bien donné nous-mêmes les galons au Petit-Caporal.

— Que veut donc dire tout cela ? demanda Marie, qui cherchait à deviner.

— Cela veut dire, reprit Chaudoreille d'une voix qu'il s'efforçait de rendre imposante, que le respectable corps des *Marie-Louise*, un tas de petits lapins qui ne boudent pas au feu, j'en ai été témoin oculaire, enfin tous les jolis petits soldats que vous voyez, à qui il ne manque que des moustaches pour faire des troupiers accomplis, vous ont choisi pour leur générale, et...

— Dites donc, sergent, fit en l'interrompant d'un ton goguenard le Marie-Louise qui lui avait parlé un instant auparavant, ça arrête-t-il les boulets vos moustaches ?

— Qu'entends-tu par ces paroles, conscrit ?

— Je demande derechef, si vos moustaches sont à l'épreuve du boulet ?

— Non pas !

— Eh bien alors ! à quoi servent-elles, vos moustaches ? Elles ne vous font pas meilleurs soldats que nous, puisque nous pouvons comme vous nous faire tuer pour l'Empereur, et que la peau d'un Marie-Louise vaut la peau d'un vieux dur à cuire comme vous, quand on la met au feu.

Et le jeune homme frappa d'un geste rapide sur le ventre du vieux soldat, qui riait de toutes ses forces en disant : Ah ! charmant, il est très drôle le petit ;... il n'y a pas de mal à cela.

— Mais, reprit l'enfant, j'en reviens à notre proposition, car Mlle Marie n'en sait pas plus long qu'avant. — Il y a donc, Mamzelle, que les Marie-Louise, qui n'ont pas de général à eux, en veulent un, et qu'ils vous ont choisie pour cet emploi.... Acceptez-vous?

— Moi! dit Marie, ne pouvant réprimer un sourire. Moi! générale des Marie-Louise..... Vous m'avez nommée, c'est bien.... Mais celui qui nomme pour tout de bon :... l'Empereur?

— L'Empereur approuve, dit une voix, à une condition, c'est que la générale des Marie-Louise fera partie de l'état-major de l'Empereur. Je me charge de son majorat.

Marie s'était retournée.

— Sire! s'écria-t-elle en s'inclinant devant Napoléon.

C'était en effet Napoléon, qui assistait depuis quelques instants à cette scène de la vie des camps.

— Vive l'Empereur! vive la générale des Marie-Louise! s'écrièrent tous les jeunes soldats.

— Ah! superbe, superbe! dit tout bas Chaudoreille; il arrive toujours comme ça, quand on ne se doute de rien. C'est comme l'autre jour, te souviens-tu, Lenfumé? Tiens, ça me fait penser que tu me dois encore le tabac...

— Et il s'en va de même, ajouta Lenfumé, en montrant l'Empereur qui avait déjà disparu.

— Ça n'empêche, Mademoiselle Marie, fit le sergent, que vous voilà dans un beau grade pour commencer. Voyez, moi qui suis depuis bien longtemps pourtant dans la partie, je ne suis que sergent...: Mais comment va notre jeune homme ?

— Mieux, beaucoup mieux ;... une seule chose le tourmente, c'est la crainte qu'on ne recommence à se battre et qu'il ne soit obligé de rester là, cloué par sa blessure, devant l'ennemi, comme cette nuit, cette nuit affreuse : oh ! cet homme, cet homme! je sens qu'il pèse sur ma vie comme un malheur !

Et elle prenait en tremblant la main du sergent.

— Allons donc, vous une générale, vous avez peur d'un misérable que vous ne reverrez sans doute jamais.

Marie hocha la tête.

— Eh bien, si vous le revoyez, vous le ferez

arrêter, voilà tout ;... on n'est pas générale pour rien, ajouta toujours en riant Chaudoreille ; puis il dit à part : Décidément il y a encore quelque chose ; mais ça viendra petit à petit.

Et il allait rentrer avec Marie dans la chambre où Julien reposait sur un grabat, pendant que les Marie-Louise continuaient leurs joyeuses et bruyantes acclamations, lorsqu'un nouveau personnage arriva dans la grande salle ou venait de se passer l'épisode que nous avons raconté. Après avoir paru chercher quelques instants autour de lui, il se dirigea tout droit vers le sergent.

C'était un homme de haute taille, paraissant à première vue tenir le milieu entre le maître et le valet, et qu'on eût pu prendre tout d'abord pour une sorte de majordome ou d'homme d'affaires.

— Mon ami, dit-il à Chaudoreille, vous avez ici une jeune fille qu'on nomme Marie, qui, m'a-t-on dit, donne ses soins aux blessés. Pourrais-je la voir.

Chaudoreille lui montra Marie,

Le personnage en question fit signe qu'il

voulait lui parler seul à seule. Tout le monde s'éloigna.

— C'est vous mon enfant, dit-il, qui avez été trouvée il y a vingt ans à Morvilliers, dans l'église, sur l'autel?

— Oui, Monsieur.

— Vous n'avez jamais entendu parler de vos parents, et le seul indice qui vous soit resté est un mot laissé près de vous?....

— Et que j'ai conservé toujours, quoique sans espérance....

— « Gardez-la;.... sa mère la réclamera un jour. D'ici là elle vous bénira!.... »

— Oui, c'est cela, Monsieur, c'est bien cela, s'écria Marie en cherchant à lire dans les yeux de l'inconnu où il voulait en venir..... Mais, Monsieur, ajouta-t-elle tristement, ma mère est morte?

— Qui vous dit cela?

— Tout me le dit : ma mère vivrait, et depuis vingt ans pas un mot, pas une pensée d'elle ne serait venue jusqu'à moi ! Depuis vingt ans que j'habite ce pauvre village, seule au milieu de tous, enfant perdue, sans famille, sans protecteur, presque sans ami, ma mère n'a pas donné signe de vie à sa fille : vous voyez bien qu'elle est morte, monsieur ! Pourquoi donc alors revenir raviver des souvenirs qui me navrent le cœur?

— Des circonstances que vous ignorez avaient jusqu'à ce jour empêché votre mère de vous rechercher ; mais aussitôt qu'elle a pu, sans se compromettre.....

— Assez, monsieur, dit Marie en se relevant de toute sa hauteur, assez, je vous en supplie. Laissez la pauvre fille dans son obscurité ; laissez-lui du moins le droit de ne pas maudire sa mère... Ma mère ! oh ! que de fois j'ai prononcé ce nom avec bonheur ! que de fois mon cœur a battu en l'entendant prononcer aux autres ! Ma mère ! Il me semblait qu'elle aussi, éprouvée, misérable, elle avait pu, dans un jour de malheur, abandonner son enfant, mais qu'en le remettant à la garde de Dieu, elle avait compté sur lui pour le lui conserver..... Mes premières années se sont passées ainsi, à attendre, à attendre toujours. Chaque visage nouveau bouleversait tout mon être ; j'espérais toujours que les bras de toute femme inconnue allaient s'ouvrir pour me presser, que chaque bouche allait s'épanouir pour me dire enfin à moi ces mots tant espérés : Ma fille !... Que m'importait ce qui s'était passé ? M'appartenait-il d'accuser ma mère ? Oh ! me disais-je, qu'elle vienne, qu'elle vienne : je l'aimerai d'un cœur si dévoué, je la ferai si chérie et si heureuse, qu'elle n'aura rien à regretter, rien à désirer ! Je rêvais ainsi et les années s'écoulaient, et il s'est passé vingt ans, vingt ans, entendez-vous, vingt ans après lesquels ma mère n'est pas venue m'embrasser ; mais elle vous a chargé de me dire : « Cette enfant que j'ai laissée là-bas peut venir ; seulement il ne faut pas qu'elle me compromette. »

— Mais, Mademoiselle !

— Non, monsieur : il y a ici un enfant trouvé, une paysanne, qui restera paysanne et enfant trouvé. Dieu m'est témoin que j'eusse donné tout mon sang pour être aimée de ma mère un jour, un seul jour, et puis mourir ! Cette grâce ne m'a pas été donnée : que la volonté de la Providence s'accomplisse.... Vous direz cela, Monsieur, à.... celle qui vous a envoyé.

— Cependant reprit d'un ton rogue l'étranger, vous me permettrez de vous dire, Mademoiselle, que toutes ces observations sont des folies, des rêves de jeunes filles, fruit d'une éducation très négligée. Pures imaginations que tout cela ! Il faut descendre un peu sur terre, que diable !... On m'a dit que vous faisiez des armes comme un prévôt, et que vous montiez à cheval comme un dragon ; que vous étiez enfin une sorte de virago, de Jeanne d'Arc, de troupier en cotillon, capable des actions les plus extravagantes, et je vois qu'on ne m'a pas trompé. Mais je ne pouvais supposer que vous poussiez si loin la déraison que de refuser de connaître votre mère, qui, par sa position dans le monde, par sa fortune, est à même d'assurer la vôtre.

Marie écoutait sans mot dire. L'étranger se méprit sur ce silence. Il continua.

— Donc vous viendrez avec moi à Paris. La baronne sait que vous êtes ici, et elle ne veut pas que vous restiez au milieu de tous ces gens-là. Vous passerez pour sa parente. Elle dira qu'elle vous a fait venir de la campagne pour lui tenir compagnie. Que sais-je? on arrangera cela...

— Et c'est ma mère qui avait écrit cela, dit

Marie, en tirant de son sein une sorte de sachet dans lequel était un papier plié et froissé, dont la couleur jaunâtre attestait la vétusté : « Gardez-la,.... sa mère la réclamera un jour.... D'ici là, elle vous bénira !... »

Et la pauvre fille fondit en larmes.

Chaudoreille, qui de temps en temps jetait un regard de sa place, commençait à devenir sérieusement inquiet.

— Eh bien, partons ! hasarda l'étranger.

— Moi, partir ! s'écria Marie, en relevant la tête et en essuyant ses yeux comme si elle eût honte d'avoir pleuré; moi, partir ! et pour où aller ?

— Mais à Paris, trouver celle.... votre famille....

Ma famille ! elle est ici ; c'est mon frère qui est là blessé, le seul qui m'ait témoigné de l'intérêt, de l'affection en ce monde, jusqu'au jour où j'ai rencontré le vieux soldat que vous voyez là-bas, qui m'a aimée, parce que lui aussi a été père, et qu'il se souvient ; ma famille, maintenant, ce sont ces soldats que vous voyez, ces soldats qui m'estiment, qui me respectent ; c'est au milieu d'eux que je veux vivre, c'est au milieu d'eux que je veux mourir, si l'entreprise sacrée qui leur est confiée ne réussit pas.....

— Avez-vous songé au moins qu'on pourrait vous forcer ?

— Me forcer ! De quel droit ? Par quels moyens ? Vous m'avez dit, monsieur, que ma mère avait peur de se compromettre ; elle se compromettrait en employant la violence. Qu'elle m'oublie! monsieur ! ... Moi, j'avais rêvé ma mère morte de chagrin loin de moi. Pourquoi cela n'est-il pas ?

— Qu'il soit donc fait selon votre bon plaisir ; j'ai accompli ma mission, et j'en rendrai compte.... Mais souvenez-vous bien de mes dernières paroles ; vous manquez un magnifique avenir. Si vous aviez voulu, vous étiez riche, choyée, parée,... belle....

— N'essayez pas de me tenter, c'est inutile ;..... adieu, monsieur, — mon frère m'attend.

Et elle se rapprocha de Chaudoreille, qui depuis longtemps fronçait le sourcil.

L'inconnu, voyant bien que la résolution de

Marie était inébranlable, se décida à partir.

— Ma foi! dit-il, en quittant le château de Brienne, je ne m'attendais guère à être battu par cette petite. A-t-on jamais vu? Et pourtant j'ai promis de la ramener. Comment faire? Ma foi! retournons à Paris.

Remonté à cheval, le voyageur, qui montrait à chaque poste ses papiers bien en règle, gagna bientôt les lignes ennemies. Mais là, comme aux lignes françaises, il passa sans difficulté.

Comme il cheminait, songeant encore à son aventure, il fit rencontre, dans une auberge, d'un cavalier paraissant voyager comme lui à petites journées. Il se lia de conversation avec lui; et ,de récit en récit, de confidence en confidence, il lui conta ce qui venait de lui arriver.

Aux premiers mots, l'homme qui l'accompagnait avait relevé la tête. Il écouta avec attention la fin de l'histoire.

— Et combien avez-vous pour ramener cette jeune fille?

— Parbleu, une très belle somme, que je perds comme si je la jetais dans l'eau.

— Topez là, nous la gagnerons ensemble.

Et sur-le-champ les deux cavaliers tournèrent bride.

L'homme que notre voyageur avait rencontré était le colporteur, l'incendiaire, l'implacable ennemi de l'Empereur.

Laissons nos deux cavaliers faire route de compagnie, et revenons à Brienne, où des événements graves vont s'accomplir.

Le plan de Napoléon était désormais arrêté : réunir son armée et marcher sur Troyes ; car il ignorait que la jonction des deux premiers corps de Blücher et de l'armée de Schwartzemberg avait eu lieu à Bar-sur-Aube, et que ces deux généraux revenaient sur lui, descendant la rive droite de l'Aube.

La lettre du colporteur lui avait donné toute confiance ; et, par un hasard singulier, toutes les nouvelles apportées depuis à Brienne concordaient avec la dépêche saisie sur cet homme.

L'important était donc de couvrir le mouvement du corps de Marmont, qui avait quitté Saint-Dizier pour rejoindre le gros de l'armée.

Le 1er février au matin, Marmont ayant rejoint le gros de l'armée, l'Empereur fit commencer la retraite par les deux divisions du maréchal Ney.

Ce fait n'est pas douteux. Il est attesté par tous les rapports des officiers supérieurs. Donc l'Empereur ne cherchait pas la bataille ; disons plus, il n'y croyait pas.

Il était midi ; le corps du maréchal touchait presque à Lesmont, lorsqu'on annonça à l'Empereur que de grands mouvements s'opéraient dans l'armée ennemie.

Napoléon monte à cheval, s'approche lui-même pour reconnaître la marche des colonnes qui s'avancent, et, se retournant vers son état-major : « Messieurs, dit-il, c'est une bataille...... On m'a trompé ; mais tout n'est pas perdu, et nous nous sommes tirés de plus mauvais pas. »

Aussitôt il donne l'ordre de faire revenir en toute hâte le maréchal Ney. Les deux autres corps prennent les armes. La retraite s'arrête partout, partout la nouvelle d'une bataille décisive parcourt les lignes et est accueillie avec enthousiasme, surtout par les jeunes soldats nouvellement incorporés, qui ne rêvent depuis qu'ils sont arrivés qu'une grande bataille.

30,000 Français vont être attaqués par 120,000 ennemis, que peuvent en quelques heures renforcer 60,000 autres.

A deux heures, les premiers coups de canon retentissent du côté de la Giberie ; le lendemain, 2 février à la pointe du jour, toute l'arrière-garde de l'armée française était encore en bataille devant Brienne, où Napoléon avait couché.

Le combat avait été meurtrier. La perte de l'armée s'élevait à 4,000 morts ou blessés et 1,000 prisonniers.

Ce fut à l'immense supériorité numérique que Blücher dut la victoire de la Rothière ; non seulement il ne déploya pas les talents d'un général habile pendant l'action, mais ne sut pas profiter de l'avantage qu'il venait de remporter.

Il n'avait qu'à poursuivre Napoléon, et, avec le formidable corps d'occupation dont il disposait, il devait écraser ses troupes épuisées et démoralisées en moins de quelques jours. Mais la lenteur et la crainte présidaient à toutes les manœuvres d'un ennemi étonné de fouler le sol français ; il ne marchait qu'en hésitant, toujours prêt à reculer lorsqu'il avançait, et tremblant encore, selon l'expression d'un historien de la campagne, devant l'ombre des vainqueurs d'Austerlitz et de Friedland.

Ce fut ainsi qu'il donna le temps à l'Empereur de se reconnaître et de préparer ce plan magnifique d'audace et de génie qu'il devait concevoir à Nogent et commencer à exécuter à Montmirail.

Laissons l'Empereur marcher sur Troyes avec son armée qui bat en retraite, et rejoignons un convoi de blessés qui se dirige de Brienne sur Bar-sur-Aube, par une route que la rigueur de la saison et les nombreux passages d'artillerie ont rendue pleine de difficultés, et sur laquelle les voitures qui portent les malades n'avancent qu'à très petites journées.

Dans ce convoi, escorté par quelques soldats, nous retrouvons le sergent Chaudoreille, Marie et Julien. Les deux premiers cheminent tristement auprès d'une espèce de tombereau couvert, dans lequel se trouve le jeune Marie-Louise, avec plusieurs soldats comme lui blessés dans les engagements des jours précédents.

C'était le 2 février, à deux heures environ de

l'après-midi, l'heure même où la bataille de la Rothière commençait

Partie depuis le matin par la route de Brienne à Bar-sur-Aube, la petite troupe n'avait pas encore parcouru la moitié de l'étape qu'elle avait à faire pour arriver à sa destination. Elle allait bientôt toucher aux premières maisons de Tranes.

Le froid très intense avait durci la terre et avait formé, sur le sol et sur la neige durcie, une couche épaisse de verglas, sur laquelle les chevaux pouvaient à peine se tenir et s'abattaient à chaque instant. Par intervalles, de légers flocons de givre, poussés par une bise du nord, venaient fouetter le visage des voyageurs et s'engouffrer dans les charrettes garnies de paille sur lesquelles on avait placé les blessés qu'on conduisait à Bar-sur-Aube.

De minute en minute, le froid augmentait et la route devenait plus difficile.

Le vieux Chaudoreille, placé près de Marie et cheminant, son fusil sur l'épaule, comme s'il eût marché en ligne, trouvait encore moyen de la soutenir :

— Appuyez-vous sur moi, mon enfant, lui dit-il, en se rapprochant d'elle au moment où la jeune fille venait de se retenir pour ne pas tomber; appuyez-vous, n'ayez pas peur; ça me connaît la glace et la neige. J'en ai vu bien d'autres en Russie..... Quel froid! obligé de casser la glace à coups de hache et de la faire chauffer une demi-heure au feu pour boire.... Vous n'avez pas d'idée de ce que c'était, voyez-vous.... Allons bon! v'là que vous allez encore tomber! Mais, appuyez-vous donc sur moi, quand je vous le dis; ou bien montez dans la patache avec Julien!

— Non, mon ami! la voiture est bien assez chargée déjà, et voyez ces pauvres chevaux comme ils ont peine à se traîner... Il est temps que nous arrivions à Tranes. Là, ils se reposeront, et peut-être l'autre partie de la route sera-t-elle plus facile, ou le temps changera-t-il d'ici à ce soir. S'il tombait beaucoup de neige le chemin serait meilleur, et du moins le pied serait plus sûr.

— Non, non, le temps ne changera pas aujourd'hui; voilà le vent du nord qui s'élève et la bise qui siffle; nous en avons pour tout le jour et toute la nuit..... Mais, écoutez donc!

— Quoi donc?

— Je ne me trompe pas? c'est le canon!

— Le canon?

— Oui, c'est bien le canon, répéta Chaudoreille, en se mettant à genoux sur la terre et en écoutant tout près du sol dans la direction de la Rothière. Encore!... il paraît que ça chauffe là-bas. Mille carabines, c'est vexant; en voilà qui vont avoir bien de l'agrément, continua-t-il en se relevant et en nettoyant de la main les traces que la terre avait laissées sur ses guêtres; tandis que nous autres, cloués ici sur la route de Bar-sur-Aube....

— Mais, mon ami, fit Marie en l'interrompant, d'un ton qui ressemblait à un reproche, vous n'êtes qu'à trois lieues de la Rothière et vous marchez bien; retournez sur vos pas; peut-être arriverez-vous à temps pour assister à la bataille, s'il y en a une.

— Moi! allons donc!... Je regrette, je l'avoue, de manquer l'occasion de me trouver face à face avec ces gueux de Prussiens et de Russes sur qui j'ai une revanche à prendre; mais quant à vous quitter, vous et Julien, vous mes deux enfants, *nisco;* je réponds de vous, vous le savez bien; l'Empereur m'a chargé de veiller sur vous deux, et voilà pourquoi j'ai pris la conduite de ce convoi qui mène des blessés à Bar-sur-Aube; je vous suivrai jusque-là, j'y resterai tant que vous y resterez, vous et Julien; et, quand vous décamperez, je décamperai comme vous. L'Empereur m'a donné ma consigne et je la suivrai.... Je crois qu'il n'y a pas de mal à ça... Ah! les enfants! quelle canonnade! L'Empereur fait des siennes bien sûr!

— Vous voyez, mon ami, vous regrettez de ne pas être à votre poste. Partez; Julien et moi nous ne courons plus aucun danger. Des blessés passent honorés du respect de tous, amis ou ennemis... Partez donc!

— Je ne partirai pas, soyez en sûre, car vous saurez ça une fois pour toutes, si l'Empereur me disait: « Sergent Chaudoreille, voilà une bouteille bouchée, tu la porteras au fin fond du désert de l'Egypte, sans y toucher, » je mourrais plutôt de soif à côté des rafraîchissements que de la décoiffer,... et je la conduirais à destination, à moins que je n'y arrive pas moi-même : eh bien! c'est la même chose pour vous et pour le petit que nous transportons là-dedans; je réponds de vous à l'Empereur, et tous les coups de canon du monde ne me feront pas quitter mon poste... Appuyez-vous donc sur moi, je vous dis, ma fille; ces diables de chemins deviennent de plus en plus difficiles.... Et puis, voyez-vous, ajouta le soldat, d'un ton plein de douceur qui contrastait avec la brusquerie toute martiale qui lui était habituelle, un je ne sais quoi dont je ne puis définir la cause m'attache à ce pauvre blessé et à vous, et il me semble que, si je vous quittais maintenant, je laisserais en même temps ce que j'ai de plus cher au monde... Mais tenez, voilà Tranes, et vous allez pouvoir vous reposer, ajouta le sergent, changeant tout à coup le cours de sa pensée; il était temps, car vous êtes toute pâle et toute défaite, le froid vous a saisie; voyons s'il y aura moyen de trouver un abri et un peu de feu dans ce pauvre village.

Le village de Tranes comptait un peu plus de deux cents habitants. C'était une de ces tristes bourgades qui se formaient jadis autour des propriétés domaniales ou abbatiales. Tranes s'était ainsi placé auprès de l'abbaye de Beaulieu, une des plus considérables de l'ordre de Prémontré. L'aspect en était misérable, et le passage de différents corps des troupes alliées avait contribué à appauvrir encore la commune. Quelques maisons isolées les unes des autres, se composant presque toutes d'un rez-de-chaussée au niveau des terrains extérieurs, quelques-unes même au-dessous, et reposant sur un terris inégal et humide ; les bâtiments construits en bois et revêtus de mortier, tant à l'intérieur qu'à l'extérieur, avec couvertures de chaume formant saillie en avant des pans de bois servant de parois, la plupart ne prenant leur jour que par deux ou quatre carreaux étroits placés dans des châssis dormants, plusieurs même ne recevant la lumière que par la partie supérieure de la porte coupée en deux, et ouvrant sur des cours remplies de fumier où croupissent les eaux des étables : tel était le village de Tranes, où la petite troupe venait d'arriver.

Un silence de mort régnait dans les habitations; mais à chaque instant le bruit du canon devenait plus distinct et par intervalle le vent apportait le pétillement saccadé de la fusillade.

Et cependant personne ne bougeait dans les maisons de Tranes.

Partout le silence, partout l'immobilité.

— Ah çà ! dit Chaudoreille en s'approchant des soldats qui formaient l'escorte des blessés, est-ce que c'est ici le pays de la Belle-au-Bois-Dormant, qu'on ne voit et qu'on n'entend âme qui vive ?

— C'est bien plutôt, dit un des hommes, que les Prussiens auront passé par ici ; et, comme à Brienne, les habitants se seront enfuis pour ne pas avoir leur agréable société.

A ce moment, les détonations qui s'étaient toujours rapprochées depuis que le sergent avait pour la première fois entendu le canon, semblèrent se rapprocher encore, et on put distinguer les éclats pressés d'un feu bien nourri, apporté par le vent, du fond d'une clairière voisine.

Presque aussitôt une foule d'hommes, de femmes et d'enfants, débouchèrent pêle-mêle et en poussant de grands cris, d'un chemin creux conduisant à la rivière de l'Aube. La terreur était peinte sur le visage de ces pauvres gens dont quelques-uns étaient armés de fusils. — Aux Prussiens! aux Prussiens! criaient-ils.

— Aux Prussiens! eh bien! à la bonne heure! Je me plaignais tout à l'heure, et voilà les alouettes qui me tombent toutes rôties dans le bec. Ah! ce sont les Prussiens, répéta le sergent en amorçant avec soin son fusil. Mes enfants, faites comme moi; il ne sera pas dit que les Français auront rencontré des Kinserlichs sans échanger avec eux une politesse...... Ma petite Marie, vous allez vous mettre à l'abri dans une de ces maisons, avec les blessés qu'on va y transporter au plus vite; et nous autres nous allons venger les morts de Brienne..... Ah! à propos, dit-il en se ravisant et en s'adressant à un paysan qui tenait à la main une carabine et dont l'air martial annonçait un ancien militaire, d'où viennent-ils et combien sont-ils?

Le vieux sergent n'avait oublié qu'une chose, c'était de demander à combien d'ennemis on allait avoir affaire.

— Oh! combien! je n'en sais ma foi rien.

Mais ce qu'il y a de sûr, c'est que ce n'est ni vous ni les vôtres qui les empêcheront de passer s'ils le veulent ; car ils sont plus d'hommes là-bas près de l'Aube, que vous n'avez, sergent, de grains de poudre dans vos cartouches.

— Oui; oui ! Nous les avons vus, s'écrièrent ensemble plusieurs femmes, ils tiennent toute la rive de l'Aube; et nous avons très bien remarqué qu'un grand, habillé en vert et monté sur un cheval blanc, montrait le village à plusieurs officiers qui paraissaient l'écouter attentivement.

— Prenez garde, mon ami, dit Marie à Chaudoreille, vous avez là des blessés, et vous pouvez, en vous dévouant inutilement, les exposer à être massacrés ; les lois de la guerre sont terribles, et, sur un champ de bataille, on n'épargne personne.

Le sergent réfléchissait.

Cependant, on avait descendu les blessés des voitures, et on les transportait dans les maisons, dont les habitants mettaient leurs lits et leurs couvertures, des bottes de paille et du foin, en un mot tout ce qu'ils avaient, à leur disposition.

On eût dit que le canon tirait sur l'Aube, et que la fusillade était aux portes du village.

Par instant le bruit de la canonnade et de la mousqueterie couvrait la voix des habitants consternés.

— Ainsi vous croyez, ajouta le sergent, que l'ennemi va prendre possession du village?

— C'est probable, à en croire ses mouvements, répondit le même paysan armé.

— Alors c'est qu'il s'agit d'une grande bataille, et d'un moment à l'autre cette position peut être utile à l'Empereur; mes enfants, il ne faut pas la laisser prendre. Vous avez des fusils, il faut vous en servir. Si je ne me trompe, c'est aux environs de Brienne que doit avoir lieu l'engagement, car ce matin l'armée française devait passer l'Aube à Lesmont et battre en retraite sur Troyes. On aura voulu l'en empêcher; c'est donc sur toute la ligne de l'Aube qu'on combat en ce moment, et on va arriver jusqu'ici.... Mes amis, gardons cette position à l'armée française. Rien n'est plus facile que de défendre ce village. Des maisons, nous canarderons ces gaillards-là de la bonne façon... Ça vous va-t-il?

— Ça va, crièrent tout d'une voix les assistants ; nous ne voulons plus des Prussiens et des Cosaques chez nous; défendons le village.

Les préparatifs de défense commencèrent.

En sortant de Tranes et en marchant dans la direction de la rivière, on pouvait apercevoir au loin les mouvements des corps de cavalerie.

Il était quatre heures du soir. Le bruit de l'artillerie ne s'entendait plus qu'au lointain ; évidemment l'action s'était concentrée sur un point plus éloigné. Une neige assez épaisse commençait à tomber ; la petite troupe que le sergent Chaudoreille commandait était prête. Des vedettes avaient été placées à tous les abords de Tranes, avec ordre de se replier sur les points principaux de défense, pour le cas où l'ennemi viendrait prendre possession du village.

Ce fut à ce moment qu'un petit corps de réserve des gardes russes reçut l'ordre de marcher sur Tranes.

Ce corps était bien vingt fois, si ce n'est cinquante fois plus nombreux que les défenseurs qui l'attendaient.

Il avança au pas de charge. Aux fenêtres

des maisons pas une figure, aux abords du village pas un habitant n'apparaissait.

L'avant-garde s'approcha sans défiance à une portée de fusil.

Mais à peine était-elle parvenue à cette distance qu'un feu bien nourri vint arrêter tout court les premiers rangs. Une vingtaine d'hommes tombèrent; chaque balle avait atteint son but.

Puis le bourg retomba dans son morne silence.

Le reste de l'avant-garde hésita un instant; les hommes se regardèrent étonnés; mais l'officier qui les commandait, craignant sans doute une nouvelle attaque, cria en avant! et la colonne s'ébranla de nouveau.

Une seconde décharge retentit: vingt hommes tombèrent encore.

L'avant-garde recula en désordre et se replia sur le détachement qui la suivait.

Les officiers chargés du commandement parurent se consulter entre eux; puis un cavalier partit au galop comme pour aller chercher des ordres, et les rapporta bientôt.

Plus d'une heure s'était écoulée depuis que les Russes, — c'était une partie des réserves de

Raïefski, — s'étaient avancés sur Tranes. La neige continuait à tomber et la nuit était venue.

Tout à coup une lueur semblable à celle de la foudre passe à quelque distance des maisons où sont réunis les défenseurs de Tranes ; puis une détonation terrible se fait entendre, et le toit de paille d'une des chaumières est ouvert et emporté.

L'ennemi était allé chercher de l'artillerie pour prendre ce pauvre village, qu'il croyait défendu par une troupe sinon considérable, au moins beaucoup plus nombreuse que celle qui l'occupait.

— Ils ont pointé trop haut, dit froidement Chaudoreille ; mais c'est égal, c'est du canon, et nous ne résisterons pas longtemps à ce particulier-là dans ces places fortes de terre et de bois... Marie avait raison : nous autres nous avons pour ressource de mourir là, mais ces blessés ?

— Ne vous en inquiétez pas, sergent, dit l'habitant de Tranes que nous avons déjà vu assez mal disposé pour les ennemis ; j'avais prévu cela. Les blessés sont en sûreté. Il y a, à une portée de fusil, dans une carrière voisine, une ouverture qui donne entrée dans de vastes souterrains dépendant de l'ancien couvent de Beaulieu. Tout le monde ignorera leur retraite; et, comme il faut espérer que les Russes ne resteront pas longtemps ici, ils pourront sortir bientôt. Vous voyez qu'ils ne courent aucun danger et que maintenant nous pouvons nous faire tuer... tranquilles.

Chaudoreille regarda avec étonnement l'homme qui lui parlait. Il avait prononcé ces paroles le plus naturellement du monde, et ne parut pas s'apercevoir de l'attention avec laquelle le sergent le considérait.

— Vous avez servi? lui demanda celui-ci.

— Oui, sergent.

— Oh! je le savais bien : votre main, mon camarade, c'est celle d'un brave!

Et les deux vétérans échangèrent une cordiale poignée de main

Un second coup de canon vint trouer et démolir une partie du mur de la chaumière où se trouvait Chaudoreille et son camarade. Les paysans qui étaient avec eux reculèrent épouvantés ; quelques-uns sortirent en courant. Peu de gens

7.

ont le sang-froid de voir passer un boulet de canon sans se sentir émus.

Les Russes avançaient malgré les coups de fusil qui les accueillaient encore, mais qui déjà étaient moins nombreux.

Aussi les rangs s'éclaircissaient autour du sergent et de son acolyte ; quelques-uns murmuraient déjà et les accusaient de les avoir jetés dans une position des plus critiques dont ils ne pouvaient maintenant plus sortir.

— Soyez calmes, dit froidement le paysan, ils n'iront pas plus loin qu'ici.

Et, montrant le seuil de la chaumière, il y apporta une caisse de gargousses qui sans doute avaient été abandonnées ou dérobées aux détachements ennemis ; puis il renversa sur le sol de l'habitation une large traînée de poudre.

— Venez tous, dit-il, et sauvez-vous le plus loin que vous pourrez ; vous aussi, sergent, il y a des blessés là-bas qui ont besoin de vous ; moi je ne tiens à rien en ce monde, car je n'ai ici ni parent, ni enfant; les deux miens sont morts au service de l'Empereur, et je vais mourir comme eux, s'il plaît à Dieu !... Allez ; allez.

Il y avait tant d'autorité dans le geste et la parole de cet homme, que le sergent obéit malgré lui.

— Votre nom ! dit-il, à la porte.

— Pierre Broussard ; si j'y reste, vous direz à l'Empereur que je suis mort pour lui.

Quelques secondes après, les premiers rangs des Russes arrivaient à la brèche faite dans les parois de la chaumière, et y pénétraient tout surpris de n'y trouver personne ; mais, dès qu'un grand nombre de soldats l'eurent envahie, une flamme soudaine vint passer sous leurs pieds sans qu'ils eussent le temps d'en reconnaître la cause.

C'était la traînée de poudre à laquelle Pierre Broussard venait de mettre le feu.

Une lueur immense éclaira toute la campagne jusqu'à l'Aube et jusqu'aux corps ennemis placés là en réserve ; une explosion épouvantable se fit entendre, répétée par tous les échos de la rivière et des bois, mêlée de cris et de gémissements ; puis, ce fut tout.

De la chaumière et des hommes qui étaient entrés, il ne restait plus que des débris et des membres épars et sanglants.

Les Russes n'avaient pas eu de bonheur avec le village de Tranes.

A quelques pas de la chaumière qui venait de sauter, deux hommes s'embrassaient : c'était le sergent et Pierre Broussard.

Pierre Broussard était sain et sauf ; il avait allumé la traînée de poudre, avait eu le temps de traverser la rue et de se jeter à plat ventre sous un petit toit de basse-cour.

— Ils n'y reviendront pas, dit Pierre.

— Eux, non, fit en souriant tristement Chaudoreille : mais les autres ?

— Ni ceux-là, ni les autres. Ecoutez.

En effet, on entendait au loin sonner l'appel par tous les tambours et toutes les trompettes. On ralliait tous les corps d'armée, et celui qui était placé sous Tranes quittait comme les autres cette position pour se rapprocher de la Rothière.

— Vive Dieu ! fit le sergent ; voilà une bonne journée... Allons voir Julien et Marie... Mais, qu'y a-t-il donc, ajouta-t-il en voyant accourir vers lui deux ou trois femmes à l'air effaré.

— Il y a, dit l'une d'elles, que cette demoiselle

Le colporteur dans l'un de ses déguisements.

qui était avec vous et ce jeune militaire malade vient d'être enlevée.

— Enlevée ! C'est impossible.

— Enlevée par deux messieurs qui ont traversé tout à l'heure le village dans une chaise de poste, et qui, l'ayant aperçue, l'ont saisie et portée dans leur voiture.

— Et vous l'avez souffert ! s'écria le sergent, tremblant de colère.

Nous étions cachées ; mais nous avons crié : dame, nous avions peur, monsieur le sergent, et quand nous sommes sorties, la voiture roulait bien loin, bien loin sur la route de Bar-sur-Aube.

— Enlevée, répéta le sergent, d'une voix qui trahissait à la fois une émotion navrante et une fureur concentrée !... Et Julien ? que lui dire ? Oh ! je la retrouverai !... Enfants, en route pour Bar-sur-Aube !

CHAPITRE V

LES ALLIÉS A TROYES

Le 3 février, le jour même où Napoléon entrait à Troyes, le duc de Trévise en venait aux mains avec le prince de Lichstenstein auprès du village des Maisons-Blanches, le battait, et le repoussait jusqu'à Clérey, où il prit position.

Ce succès aurait pu le faire songer à rester à Troyes, et à tenir l'armée ennemie arrêtée dans les environs. Qui sait même si une bataille rangée, provoquée dans les plaines voisines, n'eût pas produit un revirement dans l'opinion? L'Empereur ne le voulut pas. Il envisagea avant tout l'intérêt de la ville qui venait de se montrer si ingrate envers lui. Il considéra que Troyes, ouvert de toutes parts, sans fortifications, ne présentait aucun point de défense sur lequel on pût compter et où on pût être certain de se maintenir. D'un autre côté, l'artillerie pouvait incendier les maisons, qui, toutes bâties en bois, offraient l'aliment le plus facile au feu. Il ne voulut pas l'exposer aux horreurs d'un bombardement et d'un incendie.

Il écrivit au duc de Vicence et lui laissa carte blanche pour conduire les négociations à bonne fin, sauver la capitale et éviter une bataille.

Pendant ce temps-là que faisait Blücher?

Il s'était emparé de Vitry, de Châlons et de Reims; il marchait en toute hâte sur Paris par La Ferté-sous-Jouarre et Meaux.

Il fallait à tout prix arrêter Blücher. Mais comment cacher à Schwartzemberg, qui redoutait surtout la présence de l'Empereur, le mouvement de retraite des troupes qui avaient pris position dans la ville et aux environs?

Le 5, dans l'après-midi, Napoléon donne l'ordre de diriger quelques bataillons sur la route de Bar-sur-Seine. Schwartzemberg est aussitôt averti de ce mouvement; et, persuadé que l'Empereur prépare une tentative sur Bar-sur-Seine, il prend ses dispositions en conséquence, et masse les régiments qu'il commande sur toutes les routes qui y conduisent; puis, il attend. Le lendemain matin on lui apprend que l'Empereur lui-même se porte de ce côté avec son état-major. Décidément c'est une bataille. Il est neuf heures du matin. Le général, qui veut conserver tous ses avantages, attend le premier coup de canon pour juger des intentions de l'ennemi.

L'heure se passe, sans que les Français prennent l'offensive, sans autre évènement que des évolutions dont on cherche en vain à deviner la cause. Pendant ce temps l'Empereur s'est arrêté sur la route même de Bar-sur-Seine, et, derrière la muraille de l'ancien couvent des Chartreux, maintenant détruite, sur le bord d'un fossé, il s'est mis à déjeuner avec plusieurs officiers.

Ce déjeuner fut, comme on le pense, des plus frugals. Sur une petite table, empruntée dans une maison voisine, étaient servis un peu de charcuterie, du pain, du fromage, du vin d'assez piètre qualité; tel fut le repas dont se contenta l'Empereur. Il ne voulut pas même s'asseoir, mangea en se promenant, puis, au bout de dix minutes, sans s'occuper si ses convives avaient comme lui fini de déjeuner: — A cheval, messieurs ! dit-il ; et, mettant le pied dans l'étrier, il laissa bien loin derrière lui son état-major, qui faisait en vain diligence pour le suivre.

Se portant avec la promptitude de l'éclair jusqu'aux avant-postes ennemis, établis entre Bréviandes et les Maisons-Blanches, il commande l'attaque, tombe à l'improviste sur les premières colonnes, pendant que le reste de l'armée se replie en arrière. Puis, après un engagement sans grande importance, dans lequel nos soldats font une trentaine de prisonniers et s'emparent d'une pièce de canon et d'un caisson, Napoléon rentre à Troyes.

Il est deux heures. Quelques compagnies seulement restent en présence de l'ennemi pour continuer jusqu'au bout ce stratagème et soutenir la retraite.

A trois heures, l'Empereur est sur la route de Nogent. Le soir, il couche chez un riche propriétaire, M. le marquis de Ferreux ; le lendemain matin, il entre dans Nogent, pendant que l'armée française achève sa retraite, qui est protégée par la garde nationale de Troyes.

Dès la veille, conformément aux ordres de

l'autorité militaire, les portes de la ville avaient été fermées. Elles ne devaient être ouvertes que lorsque l'arrière-garde serait déjà loin et seulement lorsqu'on y serait absolument contraint. La garde nationale fit son devoir ; des postes furent établis à chacune des portes de la ville, et gardés jusqu'au moment de l'entrée des ennemis. Or, ce qui se passait à ce moment dans le faubourg Saint-Jacques n'était pas très rassurant pour la garde civique.

Entre sept et huit heures du matin les Prussiens, avertis du départ de l'Empereur et de la retraite de son armée, étaient entrés dans le faubourg Saint-Jacques. Cette armée, qui, la veille, se retirait devant Napoléon, avait marché en avant aussitôt qu'elle avait appris son départ.

On put alors juger des bonnes dispositions des magnanimes alliés, et de la protection bienveillante qu'ils apportaient au pays.

Une soldatesque effrénée se jeta sur toutes les maisons dont l'aspect annonçait la richesse ou l'aisance. Celle du second adjoint fut tout d'abord désignée pour le pillage. Les habitants furent dépouillés, avec une brutalité inouïe, de tout ce qu'ils possédaient ; tout fut enlevé, volé ou brisé, et ceux qui tentaient d'opposer une résistance inutile furent tués ou laissés pour morts sur la place.

De la ville, on entendait les cris des malheureux qui défendaient leurs maisons ou qui suppliaient les vainqueurs ; et, des bâtiments élevés, on pouvait assister aux scènes de rapine, de violence et d'inhumanité, exercées contre les habitants du faubourg Saint-Jacques. Alors, seulement, commença cette réaction naturelle que l'Empereur avait prévue ; alors seulement, tous les yeux se tournèrent vers ces soldats français qui venaient d'abandonner la ville, sans qu'un regret, sans qu'une parole amie les accompagnassent ; alors on songea à ce génie puissant qu'on avait accueilli par un silence morne. Mais il n'était plus temps ; l'Empereur était parti. Troyes était aux mains de l'étranger.

A dix heures, trois ou quatre heures après le départ du dernier corps français, un piquet de cavalerie ennemie se présenta à la porte Saint-Jacques. Au nom des trois chefs alliés on somma le commandant de la garde nationale, qui occupait le poste, d'ouvrir à l'instant même. Celui-ci répondit qu'il devait prendre avant tout les ordres du maire. Rien assurément n'était plus juste ; mais l'officier étranger insista, déclarant qu'on allait entrer de vive force et que la ville serait mise au pillage, si on hésitait un instant.

Le chef du poste répondit courageusement qu'il n'ouvrirait pas sans ordre.

Une minute après une pièce était pointée sur la porte, et un premier coup de canon, puis un second retentissaient.

Une terreur panique se répand dans la ville. Que l'ennemi tire quelques bombes et Troyes est perdue. Chacun tremble pour soi, pour sa maison, pour sa famille. On court, on se précipite, on assiége la mairie, on supplie le maire de faire ouvrir les portes.

Cet ordre est bientôt donné ; le chef du poste et les braves qu'il commandait se retirent, et la porte du faubourg Saint-Jacques est ouverte.

A peine cette porte du faubourg Saint-Jacques

fut-elle ouverte, que les Cosaques se précipitèrent dans la ville, qu'ils parcoururent au galop, poussant de sauvages hurlements, et servant comme d'avant-garde aux hordes qui vont envahir la cité.

L'entrée des alliés commence. Ce n'est pas, comme à l'arrivée de l'Empereur, un morne silence qui règne dans les rues, c'est une stupeur indéfinissable, c'est une terreur universelle. Trop tard, les habitants s'aperçoivent que ce ne sont pas des amis, mais des vainqueurs qu'ils vont recevoir.

En vain le parti légitimiste, ayant à sa tête deux anciens gardes-du-corps et quelques anciens émigrés, arbore le drapeau blanc et fait parade de la cocarde blanche et de la croix de Saint-Louis; en vain s'efforce-t-il de faire naître l'enthousiasme par ses cris et ses vivats sur le passage des Russes et des Prussiens; nul ne répond à ces cris, cet enthousiasme ne trouve pas d'écho dans la population, qui assiste atterrée à la prise de possession des étrangers.

Le corps du prince de Wurtemberg arrive le premier. C'est un corps de cavalerie très nombreux, que le prince commande en personne. Il se rend à l'hôtel-de-ville, descend de cheval, et, s'adressant au maire, il lui reproche de ne pas être venu au devant de lui pour lui remettre les clés de la ville.

— Monsieur, lui dit-il, vous avez exposé Troyes aux plus grands dangers, en ne faisant pas ouvrir les portes à première réquisition.

— Prince, répond le magistrat, M. Piot de Courcelle, j'ai la conscience d'avoir fait mon devoir en accomplissant les ordres que j'avais reçus de l'Empereur. S'il y a un coupable, c'est moi seul, les habitants ne doivent pas souffrir d'une résolution que seul j'ai pu prendre ; je compte sur votre justice pour ne pas les en rendre responsables, et j'espère.....

— C'est bien, Monsieur, fit en l'interrompant le prince de Wurtemberg nous savons ce que nous avons à faire. Troyes a voulu résister, Troyes a des armes....

— Non, prince, Troyes n'a pas d'armes, sa garde nationale seule est armée, et elle est fort peu nombreuse ; la résistance de sa part eût été une folle tentative et personne n'y a songé ; mais la retraite de l'armée française et les ordres de l'Empereur...

— L'Empereur, il ne le sera pas longtemps, il ne l'est plus, et je me charge de le faire prisonnier moi-même, reprit le prince....Je vais à l'instant me mettre à sa poursuite. — Puis, changeant tout à coup de ton et prenant une figure souriante :

— J'ai très soif et très faim, monsieur le maire, dit le prince, et je compte ne pas partir d'ici sans avoir goûté du meilleur vin de Champagne que vous ayez. Il ne sera pas dit que nous serons venus dans le pays du vin mousseux sans en boire.

Et le prince daigna sourire.

Puis, après avoir choisi lui-même un logement, il s'y rendit, y fit un copieux déjeuner, et se mit aussitôt en marche sur la route de Paris à la poursuite de l'armée française ; mais, avant de partir, il avait bu du vin de Champagne, et avait laissé des ordres pour lever des contributions sur la ville et la frapper de réquisitions de toute nature.

Le reste de l'armée suivit.

Le 8, vers deux ou trois heures de l'après-midi, le roi de Prusse, les empereurs de Russie et d'Autriche, entrèrent à Troyes. Ils étaient accompagnés : l'empereur de Russie, de son frère le grand-duc Constantin ; l'empereur d'Autriche, de son fils le prince impérial Ferdinand-Charles; le roi de Prusse, de son fils le prince Frédéric-Guillaume.

L'empereur de Russie était installé dans une maison de la rue du Bourg-Neuf depuis la veille seulement, lorsque, vers les dix heures du soir, un de ses aides-de-camp lui remit une lettre qu'un inconnu l'avait prié de faire parvenir en toute hâte à Sa Majesté.

Cet homme avait annoncé qu'il avait des nouvelles de grande importance à communiquer à l'Empereur, et qu'il attendrait que ce dernier pût le recevoir.

Alexandre ouvrit la lettre avec quelque impatience; mais à peine eut-il lu les premières lignes, qu'il sonna et donna l'ordre qu'on fît entrer l'étranger.

C'était un homme de haute taille, portant une espèce d'uniforme ou plutôt de livrée russe.

Une tunique verte à boutons armoriés, une casquette avec un large galon d'or, une culotte grise et des bottes molles montant à mi-jambe, tel était le costume du personnage qui entra chez l'empereur. Il portait toute sa barbe, qui était d'un noir d'ébène ; ses cheveux, coupés assez ras, paraissaient également noirs ; mais on eût dit que cette barbe et ces cheveux n'avaient pas leur couleur naturelle, et qu'ils avaient été noircis et teints.

Quand l'étranger entra et s'inclina devant lui, l'Empereur se souleva sur son fauteuil et fit un geste d'étonnement.

— Ce n'est pas vous, dit-il, qui avez écrit cette lettre ?

— C'est moi, Sire ?

— Quoi ! vous êtes Frantz Orbel !

— Je le suis, Sire, dit l'étranger en relevant la tête ;... regardez-moi.

— C'est bien la voix, j'en conviens : mais pourquoi cette barbe noircie, ce déguisement ?

— Parce que cet habit doit servir mes projets, et qu'en voyant cette livrée, qui est celle du prince Hohenlohe-Barteinstein, on voudra m'acheter, et que je vendrai les secrets de mes maîtres... Encore deux trahisons de ma part comme celle de Brienne, et Napoléon est perdu.

— Perdu! fit l'empereur; mais il l'est déjà. Ne bat-il pas en retraite devant nous, s'efforçant de couvrir Paris ; il n'y sera pas plus tôt que nous, ajouta Alexandre avec un sourire. Blücher, le général *En-Avant!* comme on l'a surnommé, Blücher est à sa poursuite et il va l'arrêter...

— L'arrêter! prenez garde, Sire. Vous savez si je hais l'Empereur. Allemand d'origine, né en France d'un étranger, et frappé dans ce que j'avais de plus cher, par l'ambition d'un souverain qui n'est pas le souverain de mon sang, rien ne m'attache à ce pays si ce n'est la haine et la soif de la vengeance, et je donnerais aujourd'hui ma vie pour voir mourir dans les angoisses et les souffrances le meurtrier de mes enfants ;... et pourtant je ne partage pas votre confiance, car je connais ce génie infernal, et je ne puis croire que Napoléon fuie devant vous sans combattre, alors qu'il lui reste encore assez d'hommes pour tenter la fortune. C'est le même homme, ne l'oubliez pas, qui a battu l'Autriche en Italie ; c'est le vainqueur de Lodi, de Rivoli, et d'Arcole. Défiez-vous de lui, Sire…. Quant à moi, je ferai tout ce qu'il me sera possible de faire pour vous servir et pour vous éclairer ; d'ailleurs, plus que jamais, mes projets doivent vous être utiles…. Je suis las de cette poursuite ténébreuse, de cette vengeance occulte, trop longue à venir ; déjà une fois je me suis trouvé en face de Napoléon et n'en ai pas profité : fasse le hasard que cette occasion se représente, et il ne m'échappera pas !

— Que veux-tu dire ?

— Je veux dire qu'un bon poignard, bien affilé, est plus sûr que toute l'artillerie réunie de la Prusse, de l'Autriche, et de la Russie ; je veux dire que le bras de Frantz Orbel peut changer plus vite la face de l'Europe que la volonté des puissances et des souverains coalisés ; je veux dire que le meurtre est plus certain que la bataille,… et je suis las de voir ce Titan résister aux foudres dont l'accablent les rois de la terre, et, terrassé, se relever toujours pour lutter, lui seul contre tous….Je veux prouver enfin qu'un homme bien déterminé vaut mieux que des armées entières, et qu'il ne faut qu'un David pour tuer Goliath….

— J'avais déjà soupçonné, Frantz, dit l'Empereur, que vous n'aviez pas toute votre raison ; aujourd'hui je vois que vous êtes tout à fait fou....

Puis, enfin, après un silence :

— J'exige, ajouta Alexandre, que la personne de Napoléon soit sacrée pour nous. Le crime n'a jamais servi une cause; il la perd.

— J'obéirai, dit Frantz en baissant la tête.

On annonça le prince de Hohenlohe. Frantz se retira.

Quelques minutes après, les cris au feu! retentissaient aux alentours de la maison occupée par l'Empereur de Russie; car les incendies étaient alors très fréquents, par suite des excès d'une soldatesque brutale; de tous côtés on accourait pour porter des secours.

Frantz, sans paraître se préoccuper de ce bruit, se dirigeait à grands pas vers le centre de la ville.

A ce moment un jeune homme, portant le costume des ouvriers de la campagne, se trouva tout à coup devant lui.

Un rayon de la lune projetait sa lumière sur

la figure de l'incendiaire ; le jeune homme s'arrêta en poussant un cri :

— Qu'avez-vous fait de Marie? dit-il en le saisissant fortement par le bras.

— Vous vous trompez, mon ami, dit Frantz, je ne vous connais pas, et vous me prenez pour un autre.

— Je ne te connais pas, s'écria Julien, — car c'était bien le Marie-Louise que nous avons laissé blessé à Tranes, qui se trouvait devant l'homme que l'empereur Alexandre a appelé Frantz, et que nous avons déjà vu apparaître dans cette histoire sous le nom du colporteur;— je ne te connais pas ! Oh si ! je te connais, malgré ton déguisement ; je reconnais l'incendiaire et l'assassin de Brienne; je reconnais celui qui m'a pris tout mon bien, toute ma vie, celui qui m'a enlevé Marie ; car je t'ai vu, et je n'ai pu m'opposer à ce nouveau crime. Comme dans la chaumière de Brienne, j'étais cloué sur mon lit de douleur :.... encore une fois, qu'as-tu fait de Marie ; parle, mais parle donc !

Et le jeune homme, voyant que son adversaire faisait des efforts pour se débarrasser de ses étreintes, tira de dessous ses vêtements un pistolet, et l'appliquant sur la poitrine du colporteur :

— Parleras-tu ! dit-il : où est Marie?

Cet homme pâlit. Etait-ce de crainte de perdre la vie, ou seulement de crainte de perdre la vengeance.

— A Paris, dit-il.

— Comment me le prouveras-tu ?

— Par une lettre que j'ai là.

Et il remit en effet une lettre au jeune homme.

Mais, à cet instant, un grand tumulte remplit la rue qu'une foule de personnes parcouraient en criant : A l'incendiaire ! à l'incendiaire !

Frantz profita de ce désordre et s'enfuit ; Julien le poursuivit.

Tout à coup le premier se retourna; et prenant Julien au collet : Voici l'incendiaire, s'écria-t-il.

On se jeta sur Julien et on l'entraîna.

Le colporteur avait disparu.

Quant à Julien, il avait été écroué à la prison de Troyes. On avait trouvé qu'il pouvait être intéressant de laisser croire qu'on avait voulu attenter aux jours de Sa Majesté.

Pour que l'illusion fût plus grande, on aurait peut-être été jusqu'à le faire fusiller ; mais un jour une jeune fille, portant le costume des villageoises du département de l'Aube, demanda à parler à l'hôtesse du Czar. On la repoussa d'abord ; mais elle insista tellement, qu'elle fut enfin reçue.

Cette jeune fille, c'était Marie.

Elle se jeta aux genoux de la dame qui l'accueillit avec bonté, et elle la supplia d'user de son crédit auprès d'Alexandre pour faire mettre Julien en liberté.

— C'est mon frère, dit-elle, c'est mon seul ami ; je connais son cœur, il est incapable d'avoir conçu un projet comme celui dont on l'accuse. Julien, je le jure, madame, ne peut être un incendiaire. Qu'on l'entende, et il se justifiera.

Quelques instants après, Marie avait un laissez-passer pour la prison et tombait dans les bras de Julien.

Marie lui raconta comment Chaudoreille avait découvert la demeure où l'avaient enfermée et cachée à Bar-sur-Seine les deux hommes qui l'avaient enlevée, tandis que lui, Julien, était parti la chercher à Troyes, trompé par de faux renseignements :

— Oh ! maintenant, dit-elle, nous ne nous quitterons plus,... car tu vas être libre, j'en ai la promesse.... Mais toi, comment te trouves-tu accusé d'un crime, comment as-tu été jeté dans cette prison.

Julien lui fit le récit de sa rencontre avec le faux colporteur de Brienne et de la perfidie employée par ce dernier pour se débarrasser de lui.

Puis, tirant de son sein une lettre :

— Marie, dit-il, je t'ai entendue presque maudire ta mère, lorsqu'on est venu de sa part te chercher pour te conduire auprès d'elle, disait-on, comme auprès d'une étrangère ; ne la maudis pas : ta mère n'est plus ; mais elle est morte en appelant sa fille, qu'elle venait retrouver de bien loin.

— Ma mère ! fit Marie en baisant la lettre et en tombant à genoux, ma mère, vous m'avez donc aimée. Oh ! pardon ; pardon !

Et deux grosses larmes descendirent le long des joues de la jeune fille.

Il se fit un moment de silence.

Puis, toujours à genoux, Marie lut la lettre que Frantz avait donnée à Julien, et qui divulguait un secret important pour l'orpheline.

Voici ce que contenait cette lettre, adressée à l'homme qui était venu solliciter Marie de partir avec lui.

« Il n'est plus temps ; la mort nous a prévenus. La comtesse a cessé de vivre depuis hier en demandant sa fille. Vous savez qu'après le décès de son mari, arrivé en Prusse il y a quelques mois, elle était accourue en France pour chercher à retrouver cette enfant qu'elle avait eue pendant l'absence du comte et lors de son premier voyage dans son pays natal. Cette enfant dérangeait tous nos projets, la comtesse pouvait la reconnaître si elle la retrouvait. C'est précisément ce que nous voulions empêcher ; en l'absence de l'enfant, la fortune nous appartenait ; l'enfant existant, c'est à elle qu'elle doit revenir, puisque c'est pendant le mariage que cette enfant est née. Aujourd'hui, une espèce de testament, laissé par notre parente, donne les instructions nécessaires pour chercher sa fille. L'important est de ne la pas retrouver. Chargez-vous maintenant de la rendre introuvable ; je vous sais homme de bon conseil ; voyez quel est pour cela le meilleur moyen. Dans tous les cas, si la petite revient, nous plaiderons, quelque scandale qui puisse résulter d'un pareil procès pour la famille. Avisez donc, mon cher, et au plus tôt. »

Marie s'arrêta ; la lettre finissait là. Puis, après un moment de silence :

— Non, ma mère, dit-elle, je ne souillerai pas votre mémoire en venant réclamer des biens qu'on me dispute ; je ne déshonorerai pas votre nom en discutant mes droits à un héritage que je n'ambitionne pas. Votre cendre reposera en paix, honorée de tous ; car, cette fortune qu'on m'envie, je l'eusse donnée sans regret pour pouvoir vous embrasser une seule fois, pour pouvoir vous dire une seule fois ce nom chéri dont il ne m'a pas été donné de vous nommer ; j'y renonce avec joie, puisque je puis vous prouver ainsi mon respect et mon amour.. D'ailleurs, qu'ai-je besoin de tout cela? ajouta-t-elle en se tournant vers

Julien. Elevés tous deux dans le travail et la pauvreté, nous continuerons ensemble notre vie laborieuse et pauvre,... et ma mère et Dieu nous béniront.

Julien prit les mains de Marie dans les siennes. Une douleur si profonde était peinte sur son visage, qu'on ne pouvait la prendre pour l'effet de l'attendrissement de l'amitié.

— Qu'as-tu donc, Julien ? fit Marie : tu me fais peur.

— J'avais tout oublié, répondit le jeune homme en sanglotant... Nous sommes séparés pour jamais !...

— Séparés ! et pourquoi, grand Dieu ?

— Ma blessure guérie, j'avais reçu l'ordre de rejoindre l'armée ; mais je voulais te retrouver ; j'avais la tête perdue ; j'ai quitté Bar-sur-Aube, je suis venu à Troyes sans l'autorisation de mes chefs.... J'ai déserté ;... j'ai déserté en présence de l'ennemi,... et les derniers ordres de l'Empereur sont des plus sévères. C'est la mort...

— Mais, s'écria Marie, si l'Empereur succombe...

Elle n'acheva pas. Julien, qui avait compris sa pensée, lui prit la main :

— Qu'importe un soldat ? qu'importe un homme ? dit-il : prions pour l'Empereur et pour la France.

Le même jour, Julien était mis en liberté, et les deux jeunes gens quittaient Troyes pour aller rejoindre le corps d'armée qui avait quitté la ville quelques jours auparavant.

Sans oser se l'avouer, l'un et l'autre conservaient encore une espérance. Napoléon pouvait pardonner.

CHAPITRE VI

SECONDE MANCHE. — NOGENT. — MONTMIRAIL. — CHAMP-AUBERT.

En quittant Troyes, Napoléon s'était rendu à Nogent, sous-préfecture du département de l'Aube, et dont la situation, sur la rive gauche de la Seine, convenait aux projets qu'il nourrissait déjà. On arrive à Nogent par un pont d'une seule arche, au-delà duquel est un second pont au-dessus d'une île appelée l'Ile-des-Ecluses. C'était une position stratégique.

En outre, à Nogent, l'Empereur allait infailliblement se trouver placé au centre de ses ennemis sur la route de la capitale. Il était ainsi à portée de les prévenir ou de les arrêter, s'ils marchaient sur Paris.

Il attendait là les événements. Ils ne se firent pas attendre longtemps

Nous avons dit l'effet qu'avaient produit dans l'armée la bataille de la Rothière et la retraite sur Troyes. Ces vieux soldats, habitués depuis si longtemps à marcher toujours en avant, ne pouvaient se résigner sans se plaindre à cette marche rétrograde qui ressemblait à une fuite. Quand nous arrêterons-nous, disaient-ils? N'étant plus soutenus par leurs aînés, harassés de fatigues, manquant de tout, les plus jeunes abandonnaient leurs corps et se jetaient à la débandade dans les campagnes, où ils se livraient à une maraude qui ressemblait souvent à de la violence. L'espérance et la discipline faisaient, pour la première fois, défaut à l'armée française.

Napoléon comprit ce double danger, et le 8 février, à Nogent, il publia un ordre du jour, qu'il est bon de consigner ici comme un document historique, et comme un témoignage de l'intérêt de l'Empereur pour les populations. En voici le texte :

« L'Empereur témoigne son mécontentement à l'armée sur les excès auxquels elle se livre. Ces excès, qui sont blâmables dans toutes circonstances, deviennent le plus grand crime lorsqu'ils sont commis sur le sol de la patrie. Les habitants fuient partout, et l'armée qui doit défendre le pays en devient le fléau. Les trains d'artillerie et les équipages sont désignés comme se portant aux plus grands excès. Les chefs de ces corps doivent prendre des mesures pour les faire cesser. »

En même temps, renouvelant, en quelque sorte par un ordre du jour un avertissement donné à l'armée lors de son passage à Troyes, il rappelait que tout soldat qui serait déclaré absent de son corps, sans excuse légale, pendant vingt-quatre heures consécutives, serait immédiatement déclaré déserteur et fusillé, sur la décision d'un conseil de guerre séant en permanence.

On le voit, la fortune semblait avoir abandonné l'Empereur.

Les nouvelles diplomatiques n'étaient pas de nature à faire naître en lui des espérances.

Le protocole de la séance tenue à Châlons le 7 février, par le congrès, lui fut communiqué le 8.

Après avoir lu ce protocole, qui consignait que

les plénipotentiaires des cours alliées avaient l'ordre de demander : « Que la France rentrât dans les limites qu'elle avait avant la révolution ; qu'elle renonçât à toute influence hors de ces limites, » Napoléon s'enferma dans son cabinet.

Il resta plusieurs heures sans vouloir recevoir personne.

Quel combat dut se livrer alors dans le cœur de l'Empereur ! quelle indignation dut le saisir à la lecture de ces conditions inexorables, implacables, posées par ceux-là même qu'il avait tenus tant de fois dans sa main, et qui venaient aujourd'hui lui parler en maîtres et en vainqueurs.

Le prince de Neufchâtel et le duc de Bassano, qui avaient été mandés par lui, attendaient.

On leur annonça enfin qu'ils pouvaient entrer.

Sans mot dire, l'Empereur leur tendit la copie du protocole.

Il était très pâle. Son regard, ce regard d'aigle qu'on ne pouvait rencontrer sans baisser les yeux, était terne et vitreux ; ses lèvres contractées, son front, plissé et obscurci par les sombres préoccupations de son esprit, indiquaient assez le trouble intérieur qui l'agitait.

Berthier et Maret regardèrent l'Empereur et prirent en tremblant ce papier.

Berthier le tenait à la main sans oser l'ouvrir.

— Qu'est-ce donc, Sire? dit-il; vous paraissez tout agité...

— Lisez, fit l'Empereur; lisez tout haut.

Pendant cette lecture, Napoléon frappa plusieurs fois du pied avec colère.

Quand le prince de Neufchâtel fut au bout :

— Eh bien ! qu'en dites-vous? reprit-il avec un sourire ironique et d'un son de voix étrange et sinistre.

Le duc de Bassano prit le premier la parole. Il entra dans de longues considérations sur la situation de l'Empereur, sur l'état de la France et de l'armée; puis il termina en hasardant une phrase timide sur la nécessité de céder.

Berthier, qui était attéré, n'avait pas dit un mot; mais il sembla, d'un mouvement de tête, approuver la motion du duc de Bassano.

A ce mot *céder*, Napoléon se leva tout d'une pièce, comme s'il eût été frappé d'une secousse électrique.

— Quoi ! vous voulez, s'écria-t-il, vous voulez que je signe un traité pareil, vous Berthier, vous Maret ! vous qui me connaissez, vous des hommes de cœur, vous voulez que je foule aux pieds mon serment ! J'ai juré de maintenir l'intégrité du territoire : moi vivant, cette intégrité sera maintenue. Des revers inouïs ont pu m'arracher la promesse de renoncer à des conquêtes que la France avait payées de son sang et dont la perfidie des souverains étrangers lui avait donné la possession loyale ; mais la mauvaise fortune ne me fera jamais descendre à une lâcheté. Non, je ne violerai pas le dépôt qui m'a été confié : je ne laisserai pas après moi la France plus petite que je ne l'ai trouvée... Vous êtes effrayés de la continuation de la guerre, ajouta l'Empereur : moi je le suis de dangers plus certains, que vous ne voyez pas. Si nous renonçons à la limite du Rhin, ce n'est plus la France qui recule, c'est l'Autriche et la Prusse qui s'avancent... Oui, le pays a besoin de la paix ; mais celle qu'on veut lui imposer entraînerait plus de malheurs que la guerre la plus acharnée... Que serai-je pour les Français, quand j'aurai signé leur humiliation? Que pourrais-je répondre aux républicains du Sénat, quand ils viendraient me demander leurs barrières du Rhin?... Dieu me préserve de tels affronts [1]!...

L'Empereur s'était levé : il se promenait de long en large, en proie à une grande agitation. Sa voix était altérée : ses gestes saccadés, rapides, indiquaient assez le combat qui se livrait au fond de son âme, et la colère que lui inspiraient les propositions déshonorantes des alliés.

Après avoir donné ainsi un libre cours à l'indignation qui le dominait, Napoléon se jeta sur un lit de camp. Le prince de Neufchâtel sortit, et le duc de Bassano resta seul près de lui. Il s'efforça de ramener le calme dans l'esprit de l'Empereur et de lui inspirer une résignation nécessaire. Enfin il parvint à obtenir de lui l'autorisation de répondre au duc de Vicence dans des termes qui lui permissent de ne pas rompre sur-le-champ la négociation. Le plénipotentiaire était invité à temporiser.

Napoléon avait encore foi dans l'étoile de Bonaparte.

[1] Manuscrit de 1814, du baron Fain.

A peine le duc de Bassano avait-il quitté l'Empereur, qu'un aide-de-camp entra dans la chambre qu'il occupait.

L'Empereur, absorbé par ses pensées, était assis près d'une table sur laquelle étaient étendus des plans, il n'entendit pas l'aide-de-camp.

Celui-ci attendit debout quelques instants; et, comme Napoléon ne s'apercevait toujours pas de sa présence :

— Sire, dit-il.

— Qu'est-ce donc? fit l'Empereur, comme réveillé en sursaut.

— Sire, il y a là une jeune fille qui demande à parler à Votre Majesté.

— Monsieur, j'ai dit que je voulais être seul... Allez.

— Sire, cette jeune fille prétend avoir des choses importantes à vous communiquer. Elle est d'ailleurs connue de Votre Majesté.

— Connue de moi? Et qui donc est-elle?

— Sire, c'est Marie, la générale des Marie-Louise, comme l'appellent les soldats.

— Elle, dit l'Empereur en se levant... La

générale! Qu'elle entre, ajouta-t-il en souriant : elle fait partie de mon état-major...

L'officier sortit.

— Encore cette femme! fit l'Empereur, pensif. Je ne sais pourquoi sa présence me semble d'un heureux augure. A Brienne, elle m'a déjà rendu un grand service. Peut-être aujourd'hui va-t-elle venir à moi comme une envoyée de la Providence... C'est qu'il y a dans notre existence, à nous autres gens de guerre qui jouons notre vie et notre trône sur le gain d'une bataille, de ces influences mystérieuses et secrètes qui nous protègent ou nous nuisent, selon que le bon ou le mauvais génie est le plus fort... Marie pourrait bien être le bon génie.

Marie entra.

Elle était émue et tremblante. L'Empereur la rassura. Son visage était rasséréné. On eût dit que la présence de cette enfant lui rendait l'espérance.

— Ah! c'est vous, ma chère enfant, dit-il, c'est vous, ma générale; mais vous êtes restée bien longtemps loin de vos soldats, car les Marie-Louise sont ici et vous demandent sans doute...

— Sire, dit Marie, j'ai suivi le convoi de Brienne jusqu'à Bar-sur-Aube, je suis passée par Troyes et je viens…

— Vous venez de Troyes, dit vivement l'Empereur en l'interrompant. Et que dit-on?

— Sire, on regrette de vous avoir laissé partir, on se repent de n'avoir pas mieux reçu l'armée française. Ah! Sire, si vous saviez comme les étrangers traitent la ville…

— Mais les généraux ennemis, que deviennent-ils? Car il m'arrive ici les bruits les plus contradictoires…

— Sire, c'est pour cela que je suis venue vous trouver et aussi pour vous demander une grâce. Je suis revenue de Troyes avec Julien.

— Qu'est-ce Julien?

— Sire,.. le blessé de Brienne, celui qui…

— Ah! oui, je me souviens.

— Eh bien! Sire, Julien prétend, — c'est folie peut-être, — qu'aujourd'hui, placé comme vous êtes à Nogent, vous êtes maître de l'armée ennemie. Il assure que, lorsqu'il était couché près de vous, blessé, dans la masure où vous aviez établi votre quartier-général à Brienne, il vous a entendu exposer un plan qui avait pour but de diviser l'ennemi et de battre séparément chaque corps d'armée. — Eh bien, — pardonnez-lui, Sire, s'il se trompe ; — mais il dit que ce plan, le moment est venu de l'exécuter...

L'Empereur sourit.

— Ah! ah! fit-il; mais vous n'êtes pas, ma fille, générale pour rire. Voilà que vous discutez les plans de bataille, vous et Julien ; mais voyons : comment votre ami comprend-il ce plan-là : car vous paraissez le savoir par cœur.

— Il dit, Sire, qu'après la bataille de la Rothière les alliés n'avaient qu'à suivre en masse la route de Troyes pour arriver, en passant sur le corps de votre armée, jusqu'aux portes de Paris. C'était, à ce qu'il paraît, l'opinion de l'empereur Alexandre ; Julien l'a entendu dire à Troyes, dans la prison où il était retenu. Au lieu de cela, les généraux alliés ont manœuvré chacun de son côté.

Schwartzemberg a passé l'Aube, et s'est porté sur Troyes, pour descendre le bassin de la Seine et arriver sur Paris. Blücher est revenu sur Châlons, pour marcher sur la capitale par le bassin de la Marne : chacun des deux généraux veut arriver le premier à Paris, et...

— Êtes-vous sûr du mouvement de Blücher, s'écria l'Empereur en se levant.

— Aussi sûre que je suis devant vous, dit Marie. Deux soldats viennent d'arriver, harassés, après avoir couru les plus grands dangers. Ils ont parcouru, en quelques heures, les douze lieues de traverse qui séparent la route de Paris de la route de Châlons. Faites les venir...

Napoléon n'écoutait plus Marie ; il avait étendu par terre une carte immense, et, couché sur elle, il en suivait les lignes, le compas à la main, avec une attention fiévreuse.

Le duc de Bassano entra en ce moment.

— Qu'est-ce ? dit l'Empereur.

— Sire, répondit le duc, la dépêche pour le duc de Vicence est partie. En même temps j'apprends que Blücher marche sur Meaux. Macdonald a envoyé, pour informer Votre Majesté de ce mouvement, une ordonnance qui n'est pas encore arrivée ; mais le fait est certain... Vous voyez, Sire, dit plus bas le duc, que la lettre au duc de Vicence est partie à temps. Bientôt vous serez pris entre les deux armées ennemies, et alors. »

Napoléon releva la tête. Son regard étincelait : une noble fierté brillait dans ses yeux, son visage était comme illuminé de la flamme sacrée du génie.

— Blücher, dit-il lentement, en montrant la carte du doigt et en suivant les lignes coloriées, du bout de son compas, Blücher, le voici, il s'avance sur Paris par la route de Montmirail... Je pars, je le battrai demain, je le battrai après-demain : et, si ce mouvement a le succès qu'il doit avoir,... nous verrons.

Le duc croyait rêver.

Que toute l'armée soit prête à marcher demain, ajouta l'Empereur.

A cet instant, on lui apporta une dépêche.

Il l'ouvrit vivement, et, tendant la main à Marie :

— Vous avez dit vrai, fit-il, merci ; merci !...
— Puis, s'adressant au duc : — Voilà une lettre de Macdonald. Ah ! ah ! je tiens Blücher. Ils ont eu la première manche à la Rothière,... bientôt j'aurai la seconde...

D'un signe de main, l'Empereur avait indiqué qu'il désirait être seul. Marie, qui voulait lui parler de Julien, n'osa insister. Napoléon était tout entier à ses plans.

Elle sortit à regret.

Nous l'avons dit, douze lieues de traverse séparaient la route de Paris à Troyes, que barrait Napoléon, de la route de Châlons à Paris, que suivaient Blücher et ses troupes. Une des plus belles conceptions qu'ait jamais eues le génie guerrier du grand capitaine allait étonner l'ennemi et le frapper comme la foudre.

Après beaucoup d'hésitation et de plans divers, les alliés étaient convenus de rester divisés en deux grandes armées. Napoléon se trouvait au milieu, et ses adversaires étaient à une trop grande distance pour qu'il leur fût possible de se réunir promptement et de se soutenir. D'un autre côté, Blücher avait partagé son armée en différents corps, séparés et éloignés les uns des autres. Sacken, qui commandait le premier, allait arriver à Meaux lorsque le général en chef était encore à Vitry, et le centre, commandé par Alsufieff, se trouvait à Champ-Aubert.

Dans la soirée du 8, Napoléon donne ses ordres. Bourmont défendra à Nogent le passage de la Seine ; Oudinot gardera le pont de Bray ; le reste de l'armée marchera sur Sézanne.

Un ordre du jour à l'armée doit relever le courage et les espérances du soldat, en même temps que des rigueurs nécessaires serviront d'exemple.

Dans la nuit du 8 au 9, des exécutions militaires doivent avoir lieu. Julien, qui a été condamné comme contumace par un conseil de guerre, est au nombre de ceux qui seront passés par les armes.

En vain Marie, qui vient d'apprendre cette nouvelle, emploie tous les moyens pour être reçue par l'Empereur. L'Empereur! personne ne sait où il est, car il est partout, parcourant les bivacs, adressant une parole à tous, préparant l'esprit des soldats à une nouvelle marche et à une nouvelle campagne, promettant hautement la revanche de la Rothière, encourageant les jeunes recrues.

Les Marie-Louise attachés à chaque régiment sont à leur poste, et témoignent par leurs acclamations de joie l'ardeur qui les anime; mais Julien n'est pas parmi eux.

Marie, elle aussi court au milieu des bivacs, demandant l'Empereur; tout le monde l'a vu, personne ne sait où il est.

C'est au milieu de ces courses incessantes, de ces recherches infructueuses, qu'elle rencontre le sergent Chaudoreille.

Le vieux militaire embrasse la jeune fille, qui, tout éplorée, lui raconte le malheur qui la menace.

— Mais ça n'est pas possible, dit le sergent; Julien est revenu de lui-même à son poste, il était blessé, on ne peut dire qu'il a déserté; il faut voir l'Empereur, vous jeter à ses genoux, lui expliquer comment tout s'est passé....

— Impossible de trouver l'Empereur; on assure qu'il a pris les devants et que l'armée doit le suivre demain, et c'est cette nuit même que Julien...

Et la pauvre enfant éclata en sanglots.

— Ne vous désolez pas, ma chère fille, reprit Chaudoreille; il ne sera pas dit que le vieux soldat qui vous aime tous deux comme ses enfants vous abandonnera dans une circonstance pareille. Je vous réponds de la vie de Julien jusqu'à demain. D'ici là nous trouverons l'Empereur : et alors.... vous êtes jeune, moi je ne suis plus bon à rien, et si j'y laisse ma peau ce ne sera pas un grand malheur ; mais du moins vous et Julien vous vivrez.

— Que voulez-vous dire ?

— Suffit, je me comprends.... En attendant, continuez à chercher l'Empereur. Si vous pouvez le rencontrer tout est sauvé.

— Mais au moins expliquez-moi.

— Nous n'en avons pas le temps. Allez ; allez vite : encore une fois je vous réponds que Julien ne sera pas fusillé cette nuit, que voulez-vous de plus ?

— Soyez béni, dit la jeune fille en serrant la main du sergent. Et elle s'enfuit.

Une heure après, le sergent Chaudoreille conduisait en dehors de la ville un peloton de soldats, au milieu desquels se trouvait Julien.

Ce dernier était calme ; mais une tristesse profonde était empreinte sur son visage.

On arriva près d'une haute muraille.

Le sergent fit arrêter ses hommes qui se placèrent sur trois rangs. Puis il s'approcha de Julien. Chose étrange, il ne paraissait pas très ému. Comme il allait lui parler, le Marie-Louise le prévint :

— Je sais ce que vous allez me dire, fit-il; vous allez vous excuser et maudire la fatalité qui vous place en face de moi alors que je vais mourir, et qui se sert de vous pour mon supplice. Moi, je vous remercie. Au moins j'ai près de moi un ami à mes derniers moments;... j'aurais bien désiré revoir Marie ; mais il faut mieux lui éviter des adieux tristes... Vous la consolerez, n'est-ce pas, mon vieil ami ; vous lui direz que je suis mort en pensant à elle, puisqu'elle seule a été ma famille en ce monde...

La voix de Julien s'altérait sensiblement.

Il ouvrit son habit; puis, tirant de sa poitrine une espèce de sachet, il y prit une cocarde tricolore toute fanée, et, continuant à s'adresser à Chaudoreille :

— Vous lui donnerez cela, dit-il. Il y a une mèche de mes cheveux, qu'elle les conserve en souvenir de moi; quant à cette cocarde, c'est tout ce qu'on a trouvé sur moi, lorsque j'ai été recueilli à Morvilliers sur une voiture du train qui y avait été abandonnée par des fuyards; qu'elle la garde aussi. C'est là mon seul acte de naissance.

Chaudoreille avait jeté les yeux sur la cocarde, et une émotion inexprimable s'était tout à coup manifestée sur ses traits. Deux grosses larmes coulaient le long de ses joues; on voyait que sa poitrine, qui se soulevait oppressée, se refusait à émettre un son, et qu'il lui était impossible de prononcer un seul mot. Il contemplait Julien avec une tendresse infinie; une émotion suprême le rendait muet et l'empêchait d'exprimer ce qu'il éprouvait.

Tout à coup des sanglots se firent jour comme s'ils eussent rompu sa poitrine; et, tendant ses bras vers Julien: — Mon fils! mon fils! s'écriat-il. Oh! soyez béni, mon Dieu, vous qui me rendez mon enfant!

Julien s'était jeté dans les bras du vieux soldat, qui le tenait étroitement embrassé et le couvrait de baisers.

— Oui, oui! tu es mon fils, disait-il en pleurant, le fils de ma bonne Marianne! mon fils que j'avais perdu, lorsque ta mère fut tuée, lorsqu'une blessure vint moi-même me clouer sur le lit de camp pour plus de six mois. Mon fils; mon fils!

Julien embrassait son père et pleurait aussi; mais sa tristesse ne l'avait pas abandonné: on voyait que la joie qu'il éprouvait de retrouver une famille était obscurcie par des pensées pleines de tristesse.

Chaudoreille s'en aperçut.

— Mais qu'as-tu donc? dit-il: tu ne parais pas heureux comme ton père.

Julien lui montra le peloton qui attendait l'arme au pied.

Ah! c'est cela qui t'attriste, dit le sergent: mais pour qui prends-tu donc ton père? Est-ce que tu crois que le vieux Chaudoreille venait ici pour te fusiller? Tu n'étais pas mon fils encore, mais j'étais ton ami; et, si j'avais accepté le commandement dans cette triste circonstance, c'était pour te sauver. Tu vois bien que la Providence m'inspirait.

— Mais, mon père, vous vous exposez....

— Ce qu'il faut, reprit le sergent en essuyant ses yeux, c'est gagner du temps. Que Marie puisse voir l'Empereur et tu es sauvé ; il fallait qu'on ne te fusillât pas ce soir ; c'est pour cela que je suis venu....

Eh! vous autres, ajouta-t-il, se tournant du côté des soldats qui attendaient, faites ce qui est convenu.

Et, prenant Julien contre son cœur, il commanda le feu d'une voix ferme.

L'éclair de douze mousquets passa dans la nuit sombre, la détonation de douze coups de feu se répéta au loin.

Au même instant un cri terrible retentit, et une femme tomba mourante aux pieds du sergent et de Julien.

— Marie! s'écrièrent-ils ensemble.

— Julien! Julien! ah! je le croyais perdu! La jeune fille n'en put dire davantage. Elle se jeta dans les bras du vieux soldat.

— Ma fille, dit Chaudoreille, je vous ai tenu parole; mais il fallait tromper nos chefs pour sauver Julien, pour sauver mon fils: car c'est mon fils, ajouta-t-il en montrant fièrement le jeune homme.... Maintenant allons trouver l'Empereur.

Le 10 février de grand matin, les troupes françaises prenaient position sur les hauteurs qui avoisinent Nogent-sur-Seine, entre Saint-Aubin et le chemin de Rosières ; la gauche s'appuyait sur le château de la Chapelle, qui fut occupé par au moins trois mille hommes. Le château fut le théâtre d'un combat acharné ; deux fois il fut pris et repris. A la fin l'ennemi parvint à établir des batteries sur le sommet du bois qui le domine ; il devint dès lors impossible de garder cette position, et nos troupes, traversant la Seine, se retirèrent sur Nogent, pendant que les alliés pillaient le château. On laissa dans cette ville environ douze cents hommes, aux ordres du général Bourmont, et le duc de Bellune alla s'établir dans la plaine, de l'autre côté de la ville, pour y bivaquer et y passer la nuit.

Pendant ce temps, la défense de Nogent se préparait.

Toutes les rues furent barricadées, les maisons crénelées, et les douze cents hommes commandés par le général Bourmont s'y embusquèrent.

C'étaient presque tous de jeunes conscrits, des Marie-Louise ou des recrues levées dans les environs; mais, malgré leur petit nombre et leur inexpérience, ils tinrent tête à l'ennemi pendant trente-six heures, repoussèrent vigoureusement toutes ses attaques, et lui firent éprouver des pertes considérables.

En cette occasion, les habitants de Nogent déployèrent eux aussi un courage héroïque. Chaque homme se fit soldat et prit part à la défense; on vit des femmes fondre des balles et rester au feu près de leurs maris ou de leurs fils. Cette défense restera à l'éternel honneur de la garde nationale et de la population tout entière de Nogent.

Pendant le cours de cette longue et glorieuse défense, un jeune Marie-Louise s'était éloigné de son corps pour aller à la découverte.

Plusieurs cosaques le surprennent et se mettent à sa poursuite en poussant leurs sauvages hurlements. Le jeune soldat ne s'effraie pas. Un fossé rempli d'eau est devant lui, il s'y précipite, et gagne le bord opposé en levant son fusil au-dessus de l'eau. Une fois de l'autre côté, il se met derrière un arbre, charge son arme, et tire plusieurs coups de feu dont chacun fait mordre la poussière à un ennemi. Enfin, on aperçoit le jeune homme, on vient à son secours, et il reprend son rang au milieu de ses camarades.

Un officier, témoin de cet acte de bravoure, s'avance vers le Marie-Louise pour le féliciter; mais il s'arrête étonné.

— Les fusillés ressuscitent donc? dit-il.

Julien, car c'était lui, baisse la tête.

— Ne rougissez pas, reprend l'officier. Je ferai mon rapport à l'Empereur, et je réponds qu'il accordera votre grâce, car il a besoin de braves!

Dans la soirée du 12, l'armée française opéra sa retraite. Tous les efforts de l'ennemi pour s'y opposer furent inutiles, nos soldats passèrent le pont.

A peine l'arrière-garde l'avait-elle franchi, qu'un gros de Prussiens et de Russes se précipitent pour entrer dans la ville; une foule avide de pillage suit ce mouvement. Mais, au moment où le pont est couvert d'hommes, une mine, qui avait été préparée, éclate; le pont vole en débris.

Ce fut le dernier mot du courage désespéré de Nogent. L'ennemi y entra dans la nuit. Alors le sac de la ville commença, pour ne finir qu'avec le retour des Français.

Mais détournons les yeux de ce triste spectacle, et suivons l'Empereur, qui, pendant que ces événements s'accomplissent à Nogent, marche sur Sézanne et y arrive le 9 au soir, par la traverse. Il avait fait douze lieues avec son armée.

A Sézanne, Napoléon ne se trouve plus qu'à quatre lieues de Blücher, qui poursuit Macdonald du côté de Meaux et ne se doute pas de la présence de l'Empereur. Napoléon a laissé en arrière la plus grande partie de son infanterie; il n'a avec lui que de l'artillerie et de la cavalerie; il ralentit sa marche, mais néanmoins ne s'arrête pas. Il rencontre Marmont, qui a rétrogradé avec l'avant-garde à cause des mauvais chemins, et le remet en route.

Ce que veut l'Empereur, c'est arriver au centre de la ligne ennemie, la couper en deux, et en combattre séparément les différents tronçons. Il touche à son but. Les prodiges de la campagne d'Italie vont bientôt se renouveler.

Le 10, le sixième corps, commandé par le général Marmont, atteint les hauteurs du pont de Saint-Prix. La position est formidable. Devant, les Français, les défilés et les marais de Saint-Gond ; pour seule avenue comme pour seul débouché, le pont de Saint-Prix et la chaussée qui conduit à Baye, où sont établis les avant-postes ennemis. Le général Alsufieff, qui commande le corps russe, composé de neuf mille grenadiers, a négligé de placer sur les hauteurs qui dominent les abords du village une batterie et deux bataillons, qui auraient suffi pour arrêter les troupes françaises.

La division Ricard attaque par la droite de la route ; la division Lagrange par la gauche. On arrive rapidement en vue du village de Baye. Deux mille chevaux, envoyés par l'Empereur, et faisant partie de sa garde, ont ordre de marcher sur Fromentières. Ils coupent ainsi la route de Paris. Le reste des troupes se joint au corps d'armée du général Marmont.

Il s'agit de franchir les défilés de Saint-Gond et d'enlever le village de Baye.

L'ennemi occupait fortement un petit bois

situé à un quart de lieue de Baye. On se dispose à l'enlever. Voici comment le général Fabvier, qui assistait à cette affaire comme colonel, rend compte de l'engagement :

Les Marie-Louise du 113ᵉ eurent la tête; des pelotons de tirailleurs furent placés autour du bois pour l'attaquer en même temps, soutenus de deux brigades en masse.

Avant le signal, le duc de Raguse parcourt les pelotons de tirailleurs en répétant les ordres.

— Qui commande ici? demande-t-il à l'un d'eux, y a-t-il un officier?

— Non, lui dit un conscrit qui était un véritable enfant.

— Un sous-officier?

— Non; mais nous sommes bons là!

Le duc de Raguse continue sa tournée.

— Tu ne tires donc pas? dit-il à un autre.

— Oh! je tirerais bien mon coup de fusil, répond l'enfant, seulement je voudrais bien avoir quelqu'un pour le charger.

Le général prend le fusil et le charge.

On donne le signal, tout s'ébranle en même temps; le bois est enlevé.

La réserve de l'ennemi est près de là, appuyée sur deux fermes et un bouquet de bois.

On s'élance au pas de course sur cette réserve. Alors commence un combat sérieux. La droite de l'ennemi est forcée par le général Lagrange, qui est blessé d'une balle à la tête. Tout plie en vue de Champ-Aubert, dont les deux partis se disputent avec acharnement les premières maisons; mais les lanciers se jettent au galop sur les bataillons russes et décident de l'action. Le corps d'Alsufieff, composé de neuf mille grenadiers, est complètement détruit, tout ce qui n'est pas pris ou tué s'enfuit en désordre dans la direction de Meaux et de Châlons. Beaucoup d'officiers supérieurs sont faits prisonniers, Alsufieff lui-même est pris dans le bois par un chasseur du 19e, conscrit de six mois, qui ne veut pas le quitter et le conduit à l'Empereur. Un enfant de 13 ans amène d'une lieue deux grenadiers russes. Sa seule arme est un grand couteau de boucher, qu'il brandit d'un air tout à fait plaisant : « Ces gaillards-là, dit-il, voulaient broncher; mais je les ai bien fait marcher.[1] »

---

[1] *Journal des Opérations du 6e corps*, par le colonel Fabvrier.

L'armée de Blücher était coupée en deux. Blücher, de sa personne, se trouvait entre Champ-Aubert et Châlons avec la moitié de ses forces ; le reste, aux ordres des généraux Sacken et York, n'était plus qu'à une petite distance de Meaux, et pouvait en apercevoir les clochers. Encore deux marches, et ces troupes, qui forçaient de vitesse pour arriver les premières en vue de Paris, allaient bivaquer sur les hauteurs de Belleville et de Montmartre.

Mais le combat de Champ-Aubert a changé la face des choses.

L'Empereur en a fini avec Alsufieff ; restent Sacken et York. Quant à Blücher, Marmont le tient en échec entre Champ-Aubert et Châlons. Napoléon va continuer à battre les lieutenants ; le tour du général en chef viendra ensuite.

Vaincu à Montmirail, Sacken se replie sur Soissons. De ce côté les abords de Paris sont libres dans une distance de trente lieues. Napoléon abandonne à Mortier la poursuite sur Soissons, et revient vers Blücher.

Blücher, averti de la présence de l'Empereur au centre de sa ligne de marche, s'était hâté d'appeler à son secours les corps des généraux Kleist et Langeron. Le 13, après avoir reçu ces renforts entre Etoges et Bergère, il se détermina à attaquer le maréchal Marmont, qui s'était porté vers Etoges avec neuf à dix mille hommes. Le maréchal, dans l'impossibilité de résister, revint sur ses pas jusqu'au-delà de Champ-Aubert; mais Napoléon, après avoir fait de nuit, avec sa garde et un gros de cavalerie, une marche forcée, se réunit à la division Marmont, qui fait volte-face dans la plaine de Vaux-Champs.

L'Empereur se trouve à moins d'une demi-heure du champ de bataille du 11.

L'armée impériale est considérablement réduite par ses combats des jours précédents, par ses marches rapides, et par l'obligation de détacher plusieurs corps à la poursuite des vaincus; Blücher, au contraire, a des troupes fraîches et nombreuses. C'est dans la proportion de quatre contre un que l'armée prussienne se trouve en face de l'armée française; cette disproportion de forces n'arrête pas Napoléon. Il n'hésite pas à combattre; et, ses dispositions prises dans la nuit, il ordonne l'attaque le 14 au matin.

Le village de Vaux-Champs, occupé par Blücher, est disputé avec acharnement. Nos soldats font des prodiges de valeur. Malgré son immense supériorité numérique, l'ennemi est partout culbuté. La cavalerie se précipite sur les carrés prussiens, les enfonce et les disperse. La retraite, que Blücher ordonne, n'est plus qu'une fuite. Enveloppé à diverses reprises avec son état-major, il est obligé de lutter corps à corps avec nos cavaliers, et ne se dégage d'une dernière charge qu'en mettant le sabre à la main et grâce à l'obscurité de la nuit.

La bataille, commencée à huit heures du matin, avait duré toute la journée. L'empereur va coucher à Montmirail, et il envoie huit mille prisonniers, russes et prussiens, porter à Paris les bulletins de cette glorieuse semaine. La fameuse campagne de cinq jours qui marqua ses premiers succès en Italie a maintenant une émule.

Napoléon ne s'était pas trompé. En cinq jours il a remporté quatre victoires; vingt-cinq mille hommes en ont dispersé cent vingt mille, tué plus de vingt mille, le reste fuit confusément sur toutes les routes.

C'est à ce moment qu'il reçoit une lettre du duc de Vicence, son plénipotentiaire, à qui il a donné, le 5, carte blanche, étant à Troyes.

« J'étais parti les mains liées, disait le duc, et je reçois des pouvoirs illimités ; on me retenait, et l'on m'aiguillonne. Dois-je consentir à tout aveuglément, sans discussion, sans retard ? »

Napoléon lui répond :

« Monsieur le duc de Vicence, je vous avais donné carte blanche pour sauver Paris et éviter une bataille qui était la dernière espérance de la nation. La bataille a eu lieu, la Providence a béni nos armes ; j'ai fait trente mille prisonniers et enlevé deux cents pièces de canon..... Votre attitude doit être la même, vous devez tout faire pour la paix ; mais mon intention est que vous ne signiez rien sans mon ordre, parce que seul je connais ma position.... *Je veux la paix;* mais ce n'en serait pas une que celle qui imposerait à la France des conditions plus humiliantes que celles de Francfort.... Je suis prêt à cesser les hostilités *et à laisser les ennemis rentrer tranquilles* chez eux, s'ils signent les préliminaires basés sur les propositions de Francfort.

Le même jour dans la soirée, un officier autrichien se présente aux avant-postes. Il vient demander une suspension d'hostilités. Napoléon écrit à son beau-père, en lui envoyant une lettre de Marie-Louise. Il témoigne le désir d'entrer en arrangement avec l'Autriche; mais, après ces huit jours de victoire, il compte traiter sur de meilleures bases que celles du traité de Châtillon. Quoi de plus juste? Voilà pourtant l'homme que ses détracteurs ont représenté comme ayant repoussé la paix jusqu'à la fin!

D'ailleurs, l'Empereur ne se fait pas illusion sur sa position. Il sait bien que nos troupes sont si réduites, que chaque corps d'alliés présente isolé une masse d'assaillants trois et quatre fois plus considérable que l'armée dont il peut disposer. Chaque coup qu'il frappe fait reculer l'ennemi; mais, partout où il n'est pas, le flot déborde, et chaque tête de l'hydre qu'il vient d'abattre renaît bientôt derrière lui.

Pendant qu'il bat Blücher et ses lieutenants, Schwartzemberg et les autrichiens ont descendu les deux rives de la Seine. Nogent, Bray et Montereau ont dû céder, malgré les efforts des ducs de Bellune et de Reggio, qui ont battu en retraite en disputant le terrain pied à pied. Napoléon, vainqueur à Champ-Aubert, à Montmirail, à Vauxchamps, apprend que Fontainebleau est aux mains de l'ennemi, et que les équipages des deux maréchaux ont reculé jusque-là. Paris est dans la consternation.

Le parti de l'Empereur est bientôt pris. Mortier et Marmont garderont les avenues de Châlons, pendant qu'il s'avance en toute hâte sur Schwartzemberg. Le général a une grande avance sur lui ; mais l'Empereur sait réaliser l'impossible, et le patriotisme des populations ne lui fera pas défaut. L'artillerie est transportée en poste, l'infanterie est conduite en charrettes que les paysans fournissent à l'envi. En trente-six heures l'armée fait trente lieues.

Le 15, l'Empereur marche sur Meaux avec sa garde et le corps de Macdonald. Victor et Oudinot sont prévenus que le lendemain il débouchera derrière eux par Guignes. En effet, le 16, c'est à leur canon qu'il se rallie dans la plaine de Guignes, à huit lieues de la capitale. Sa présence arrête l'ennemi, qui le croyait loin de lui.

A Mormant, l'avant-garde de Wittgenstein est repoussée et plie en désordre. Cependant Schwartzemberg, après avoir forcé les ponts de Nogent, de Bray et de Montereau, s'avançait plein de sécurité sur Nangis, dans l'espoir d'arriver à Paris avant Blücher. Cet espoir est prématuré. Le 17, Napoléon, dont il ne soupçonnait pas la présence, tombe sur lui comme la foudre, entre Nangis et Donemarie, avec les dragons du général Treilhard, arrivés d'Espagne. A la vigueur, à la rapidité des coups, à la vue des régiments rejetés les uns sur les autres, et couvrant tous les chemins de morts et de blessés, le général autrichien ne doute plus. Il a reconnu la présence de Napoléon. L'alarme est bientôt au quartier-général des alliés. Les souverains reprennent rapidement le chemin de Troyes. Tous les corps d'armée les suivent.

La capitale est encore une fois délivrée.

Cependant Napoléon n'est pas au bout de ses épreuves. Jusqu'alors son génie, la bravoure de ses soldats, et, en mainte occasion, le patriotisme des populations, l'ont sauvé dans les positions les plus critiques; mais, en revanche, ses lieutenants n'ont plus cette vigueur et ce dévouement qui leur ont valu jadis d'être distingués par l'Empereur ou par le général Bonaparte. Ce sont bien toujours les anciens lieutenants du vainqueur de cette glorieuse campagne d'Italie, qui présente des analogies frappantes avec la campagne de France ; mais ces lieutenants ont vieilli ; usés par la guerre, amollis par les honneurs, gâtés par la fortune, ils n'ont plus rien à gagner ; au contraire, ils ont tout à perdre, et ne secondent qu'en tremblant l'Empereur dans cette lutte gigantesque, d'où dépend la conservation des biens dont il les a comblés. Aussi allons-nous les voir pour la plupart mal seconder et même entraver Napoléon dans l'exécution des mesures qu'il leur ordonne de prendre, et concourir, en quelque sorte, par leur mollesse et par leur inertie, à l'œuvre de trahison qui devait perdre l'Empereur, alors même qu'il pouvait paraître sûr du triomphe le plus complet.

Déjà le général Montbrun, qui s'était retiré à Essonne au lieu de défendre Moret et la forêt de Fontainebleau, avait été traduit devant un conseil de guerre ; le général Lhéritier avait négligé de charger, lors de l'affaire de la Grande-Maison et de Villeneuve, et avait ainsi laissé échapper l'infanterie bavaroise qu'il pouvait prendre tout entière ; enfin le général Victor, duc de Bellune, allait faire perdre à l'Empereur, en n'exécutant pas un ordre formel qu'il avait donné, tout le bénéfice des brillants engagements qu'il venait de livrer.

Un corps de 25 à 30,000 hommes aux ordres du général Bianchi avait passé la Seine à Montereau, et s'était avancé par la rive gauche du fleuve jusqu'à Fontainebleau, pendant que le reste de l'armée suivait la rive droite. Pour se rallier à la grande armée ennemie, ce corps devait nécessairement passer par Fossard, hameau distant de Montereau d'environ une demi-lieue.

A Fossard, la route aboutissant à Troyes se bifurque : d'un côté, elle traverse Montereau, Bray-sur-Seine et Nogent ; de l'autre, elle traverse Pont-sur-Yonne, Sens et Villeneuve-sur-Vannes.

En devançant le général Bianchi à Fossard, on lui coupera les deux seuls chemins de retraite, et il sera forcé de déposer les armes, sinon le corps qu'il commande sera écrasé. Mais, pour cela, il faut que les ponts de Montereau soient libres. Napoléon sait qu'ils sont faiblement gardés par l'ennemi. En conséquence, le 17, il donne l'ordre au maréchal Victor de s'en emparer le soir même.

Le duc de Bellune, ne croyant pas pouvoir arriver le dix-sept au soir devant Montereau, s'arrête à Salins, qui en est éloigné de deux lieues, et ne se présente sur la position que le lendemain à dix heures.

Deux heures avant, un corps nombreux de Wurtembergeois, détaché par le général autrichien et qui a marché toute la nuit, est venu s'établir sur les hauteurs de Surville, couvrant la ville et ses ponts. Le prince royal de Wurtemberg était établi sur deux fortes lignes entre Villaron et Saint-Martin.

Le duc de Bellune comprend alors toute la portée de sa faute. « Il ne nous reste plus, dit-il au général Château, son gendre, jeune officier plein de courage et d'ardeur, qu'à écraser ces gens-là ou à mourir ici. »

Le général Château ouvre l'attaque avec la plus grande intrépidité, et s'empare de Villaron ; mais il est bientôt repoussé avec perte. Tournant alors la position de l'ennemi, et laissant en réserve une de ses brigades, il se glisse vers les ponts par la route de Paris, pendant que les troupes du général Pajol se maintiennent sur le champ de bataille, et que le général Delort arrête et charge à trois reprises plusieurs escadrons de hussards autrichiens.

Profitant de cette manœuvre qui occupe l'ennemi, le général Château s'élance à la tête de ses soldats vers le pont de la Seine. Le pont va être pris, car la division Duhesme attaque au même instant le village de Villaron, et les Autrichiens vont se trouver entre deux feux, lorsque le général Château est frappé mortellement d'une balle.

Ce funeste événement jette le désordre dans la brigade française, et le combat se prolonge sur ce point sans résultat décisif. Vers une heure, le comte Gérard arrive avec son corps de réserve. L'Empereur lui a fait dire, par un de ses aides-de-camp, de prendre le commandement de toutes les troupes, et de diriger l'attaque comme il l'entendrait.

Quarante pièces de canon s'avancent contre l'ennemi et maîtrisent bientôt son feu ; mais c'est en vain que ces quarante tonnerres vomissent le fer et la flamme, une attaque générale peut seule emporter la formidable position des ennemis.

L'Empereur, averti des efforts inutiles du général Gérard, arrive de Nangis au galop et ordonne de gravir le plateau de Surville. Le gros de l'armée, formant environ 28,000 combattants, s'élance de toutes parts ; en même temps le général Delort accourt du bois de Valence, et fait sur la route de Melun une charge de cavalerie contre le flanc des alliés ; il pénètre au centre d'une colonne qui a déjà atteint les premières maisons du faubourg, sabre le général qui la commande, et fait mettre bas les armes à sa troupe. Les Français sont bientôt maîtres des hauteurs qui dominent le confluent de la Seine et de l'Yonne ; à l'aide des batteries qui sont établies à mesure qu'arrivent les pièces, les masses wurtembergeoises, concentrées sur les ponts et dans les rues de Montereau, sont foudroyées. L'Empereur lui-même pointe les canons de sa garde et commande les décharges ; mais le feu de l'artillerie ennemie n'est ni moins vif ni moins meurtrier : les boulets sifflent de tous côtés, plusieurs canonniers sont tués sur leurs pièces à côté de l'Empereur.

Autour de lui, les soldats murmurent de le voir exposer ainsi sa vie. — Soyez tranquille, mes amis, leur dit en souriant Napoléon, le boulet qui doit me tuer n'est pas encore fondu.

Et il reste impassible au milieu des débris et des cadavres.

Ce feu terrible dure plusieurs heures. Enfin, le général Gérard se lance sur le faubourg le plus rapproché à la tête d'un corps de gardes-nationaux bretons, arrivés depuis quelques jours. Le faubourg est emporté. Les Austro-Vurtembergeois sont débordés et culbutés ; ils entrent pêle-mêle dans Montereau, où les habitants, qui veulent se venger des mauvais traitements qu'ils ont soufferts, emploient tous les moyens en leur pouvoir pour augmenter le désordre dans les rangs des fuyards et aggraver leur perte.

A la nuit, l'Empereur établit son quartier-général au château de Surville ; la garde reste à Montereau

Les pertes de l'ennemi furent énormes ; mais cette journée du 18 février, glorieuse pour nos armes, fut une victoire inutile. La résistance des Wurtembergeois avait atteint son but. Pendant la bataille, le gros des forces de Bianchi défilait rapidement à une demi-lieue de là ; et, quand nos troupes arrivèrent à Fossard, elles aperçurent sur la route de Sens l'arrière-garde de ce corps d'armée, qui servait de point de ralliement aux fuyards de Montereau. Néanmoins, ce fut cette victoire qui fit dire à l'Empereur : « Mon cœur est soulagé, je viens de sauver la capitale de mon Empire ! »

Dans la soirée, Napoléon manda le maréchal Victor.

Le maréchal se rendit en tremblant auprès de lui.

A son arrivée, l'Empereur, assis devant une table, ne lève pas les yeux sur lui, et le reçoit par ces mots :

— Ah ! c'est vous, Monsieur ! J'ai donné au

général Gérard le commandement du corps que je vous avais confié....

Quand l'Empereur interpellait un de ses anciens compagnons d'armes en se servant du mot Monsieur, au lieu de le dénommer par son titre ou son grade, c'est qu'il avait quelque grave reproche à lui adresser.

Le maréchal était pâle ; sa figure portait les traces d'une grande fatigue et d'une grande douleur. Debout, et la tête baissée devant Napoléon, il entendit les paroles que ce dernier venait de lui adresser, sans répondre un mot. Seulement, une larme passa dans ses yeux.

Il y eut un instant de silence. L'Empereur semblait attendre que le maréchal essayât de se justifier.

— Eh bien ! dit-il enfin, comme impatienté de cette muette résignation, qu'avez-vous à dire ?

— Rien, Sire.

— Comment, rien ?

— Mais je sais ce qui me reste à faire.

— Quoi donc ? Monsieur.

— Il me reste, Sire, à prendre le seul parti qui convienne à un officier déshonoré.

— Qu'est-ce que cela veut dire, fit l'Empereur en élevant la voix, il vous reste?...

— A me faire sauter la cervelle, Sire.

Victor avait relevé la tête. L'Empereur le regarda en face; mais le maréchal ne baissa pas les yeux devant ce regard. Un désespoir si profond se lisait sur ses traits, que l'Empereur ne put contempler sans être ému cet ancien frère d'armes dont il brisait la carrière, et qu'il vouait ainsi lui-même au déshonneur et à la mort. Cependant, ne voulant pas sans doute paraître céder si vite :

— Vous connaissez, dit-il, mon opinion sur le suicide. J'ai fait dans le temps, étant consul, un ordre du jour à ma garde à l'occasion de celui d'un grenadier : « Se tuer, disais-je, pour un soldat c'est abandonner le champ de bataille avant d'avoir vaincu. »

— « S'abandonner au chagrin sans résister, se tuer pour s'y soustraire, c'est abandonner le champ de bataille, » voilà ce que vous avez dit, Sire; mais vous n'avez pas dit qu'il était du devoir d'un soldat de vivre déshonoré. Le grenadier de la garde consulaire est mort par désespoir d'amour, moi je mourrai par *désespoir d'honneur*... Vous pourriez m'ordonner, Sire, de vivre désespéré, vous ne pouvez m'ordonner de vivre déshonoré !

— Mais enfin, maréchal, reprit Napoléon en frappant du pied le parquet et en marchant à grands pas dans la salle qu'il occupait, pourquoi n'avoir pas exécuté mes ordres formels ? Pourquoi vous être arrêté à Salins, à deux lieues de Montereau, au lieu de vous y rendre à marche forcée, comme je vous l'avais recommandé ?.... Tout ce combat que nous venons de livrer n'a eu lieu que par votre faute.... C'est une faute grave ! l'occupation des ponts de Montereau nous aurait fait gagner un jour, et prendre l'armée autrichienne en flagrant délit.... Au reste, il semble, ajouta l'Empereur en s'animant, que tous ceux sur lesquels je devais le plus compter se plaisent à me manquer !... Voyez Lhéritier, qui pouvait à Nangis écraser le principal corps bavarois et qui reste le sabre au poing sans charger ; voyez Guyot qui laisse prendre ses pièces à Fontainebleau ; Montbrun qui abandonne, sans combattre, la forêt aux Cosaques : enfin hier, vous, Victor, vous négligez d'arriver à temps pour occuper ce pont qui était la clef de mon plan, et Digeon aujourd'hui laisse au plus fort du combat les pièces manquer de munitions....

— Sire, fit Victor, ne m'accablez pas.... Je suis assez malheureux d'avoir encouru votre disgrâce.....

— Ma disgrâce? Eh! monsieur, continua l'Empereur en s'animant, il n'y a pas là de disgrâce. C'est de la justice et voilà tout.... Que diable! je ne suis pas plus de fer que vous tous, et je n'ai pas moins vieilli que tous mes anciens compagnons d'armes, comment donc se fait-il que, lorsque je remue ciel et terre pour sauver l'Empire, je ne trouve autour de moi qu'une faiblesse qui ressemble à de la tra.......

Victor s'élança vers l'Empereur.

— N'achevez pas, Sire; n'achevez pas, s'écria-t-il les larmes aux yeux : ces larmes sont celles d'un soldat, ce sont celles d'un père, de grâce ne les rendez pas plus amères en vouant les dernières heures de ma vie à l'infamie. Oui, Sire, j'ai eu tort, je l'avoue, j'ai manqué à mes devoirs en n'exécutant pas vos ordres; mais

Dieu m'est témoin que je n'en ai pas compris la portée. Mes troupes étaient épuisées de fatigue, j'ai cru bien faire en leur donnant une nuit de repos à Salins. Le lendemain ils devaient être plus dispos pour le combat. Je ne veux pas me justifier, Sire ; mais, en supposant que je fusse arrivé à Montereau dans la nuit, croyez-vous que le prince de Wurtemberg, qui occupait cette place depuis trois jours, eût reculé sans combattre ; croyez-vous qu'il m'eût été possible de lui couper la retraite avec mes soldats harassés, et d'empêcher les Bavarois et Wittgenstein de repasser la Seine à Bray ou à Nogent ?... D'ailleurs, cette faute, ne l'ai-je pas assez expiée ? Le général Château, mon gendre, mon fils, Sire, car c'était mon fils et mon élève ; un glorieux élève, un noble soldat qui s'est fait tuer pour sauver mon honneur ; le général Château est mort, et moi je n'ai pas eu le bonheur de mourir comme lui, pour vous, avec ce commandement que vous me reprenez aujourd'hui.....

Le général s'arrêta. Sa voix était altérée, sa parole, empreinte d'une sorte de solennité, avait quelque chose de funèbre comme la parole d'un homme qui va mourir. L'Empereur était visiblement ému.

Il s'avança vers le maréchal, et lui tendant la main :

— Victor, lui dit-il, j'ai besoin d'amis dévoués. d'intrépides soldats. Restez avec moi,... votre ancien frère d'armes... Vous ne pouvez pas, vous ne devez pas mourir, car la France n'est pas délivrée... Le voulez-vous ?

— Si je le veux ! Sire, répondit le maréchal en se précipitant sur la main que lui tendait l'Empereur.

— Vous prendrez, continua Napoléon, le commandement des nouvelles divisions de jeunes gardes à la place des généraux Charpentier et Broyer; l'une de ces divisions est entièrement composée de conscrits arrivés tout récemment, ce sont des soldats à former; je vous en charge... La remise de votre commandement au général Gérard se trouvera ainsi expliquée tout naturellement.... D'ailleurs, avant de partir, vous dînerez demain avec moi, on le saura, et cela suffira pour faire cesser tous les bruits que pourrait faire naître ce changement.... Adieu.

— Sire, dit Victor en se retirant, vous me sauvez l'honneur ! puissé-je mourir aussi en combattant pour Votre Majesté !

Le 19, l'Empereur lança plusieurs corps à la poursuite des différentes colonnes de l'ennemi qui opérait sa retraite sur Troyes ; le 20 au matin, il remonta la Seine, déjeûna à Bray dans la maison que l'empereur de Russie avait quittée la veille, et coucha à Nogent, que Bourmont avait si vaillamment défendu, le 10, le 11 et le 12, contre toute l'armée de Schwartzemberg, et où il avait gagné ses étoiles de lieutenant-général.

Il y resta jusqu'au 22.

Le lendemain de son arrivée, l'Empereur parcourait avec plusieurs généraux les abords de la ville, examinant les désastres causés par les combats des jours précédents, lorsqu'il aperçut une jeune fille qui se tenait à quelque distance, et qui semblait attendre son passage.

— Eh! Messieurs, dit-il en s'adressant aux officiers qui l'accompagnaient, voilà la générale des Marie-Louise, une brave et noble fille qui m'a rendu d'aussi grands services que le plus dévoué d'entre vous.

Ce disant, il s'avança vers Marie.

Marie fit, de son côté, quelques pas pour se rapprocher de l'Empereur ; lorsqu'elle fut près de lui, elle fit un mouvement comme pour se jeter à ses genoux. Mais Napoléon la prévint, et la prenant par la main :

— Qu'avez-vous, mon enfant? dit-il. Eh ! quoi, c'est vous, ma chère générale, qui prenez la position des suppliants ? Qu'avez-vous donc à me demander? Vous devez bien penser que moi qui suis votre obligé, je n'ai rien à vous refuser.

— Sire, dit Marie d'une voix émue, j'ai à vous demander la grâce de Julien.

— Encore Julien ; mais ce Julien est un brave, je l'ai reçu blessé au quartier-général de Brienne. Qu'a-t-il donc fait pour que vous demandiez sa grâce ?

— Il n'a rien fait, Sire ;... mais il a été condamné à mort....

Comment! reprit l'Empereur, moitié riant, moitié sérieux, Julien a été condamné à mort pour n'avoir rien fait. Voilà qui me paraît bien extraordinaire. Voyons, ne tremblez pas, mon enfant, et expliquez-vous plus clairement.

— Voilà, Sire. A peine guéri de sa blessure, Julien devait retourner à son poste; mais j'avais été.... enlevée, ajouta Marie en rougissant, et....

— Enlevée! et par qui?

— Par des gens qui craignaient de me voir réclamer la fortune de ma mère, moi qui aurais tout abandonné pour la revoir avant sa mort;... car elle est morte, ma mère; morte sans que j'aie eu la consolation de lui donner mon premier et mon dernier baiser.... Mais pardon, Sire, je vous parle de choses qui ne peuvent vous intéresser....

— Parlez, parlez! mon enfant, dit l'Empereur. Au contraire, tout ce qui vous concerne m'intéresse.

Et se tournant vers un des généraux qui l'accompagnaient :

— Il y a là un mystère qu'il faudra approfondir, général. Je désire que cette jeune fille soit protégée contre ceux qui voudraient la dépouiller des biens qui lui appartiennent.... Continuez, Marie, ajouta-t-il avec bonté.

— Julien, en apprenant que j'avais disparu,

se mit à la poursuite de mes ravisseurs; il fut arrêté à Troyes. On l'accusait d'avoir mis le feu à la maison qu'habitait l'empereur de Russie. Oh! c'était une calomnie; Sire, croyez-le bien, Julien était innocent.... Quand il fut libre, quand il put rejoindre l'armée à Nogent, il avait été condamné à mort comme déserteur; et on allait le fusiller, lorsque le sergent Chaudoreille, qui était chargé de l'exécution, reconnut en lui son fils.... Un père ne pouvait tuer son fils, vous comprenez cela, n'est-ce pas, Sire?.... Il n'exécuta pas les ordres qu'il avait reçus;...et, aujourd'hui, je viens vous demander justice pour Julien, qui n'a pas déserté, et grâce pour son père, qui n'a pas voulu fusiller son enfant.

— Mais c'est tout un drame que vous me racontez là, Marie.

— C'est la vérité, Sire, je vous le jure; rien que la vérité.

— En effet, dit un des officiers qui étaient présents, j'ai entendu parler de ce fait, et je sais que ce Julien, qui fait partie du corps des Marie-Louise du 113e, je crois, s'est admirablement conduit ici. Poursuivi par des cosaques, il s'est jeté à l'eau, son fusil à la main ; et, arrivé sur l'autre bord, il a chargé son arme et abattu deux des ennemis qui le poursuivaient. Le corps auquel il appartient a été témoin de cet acte d'intrépidité, et je voulais vous demander, Sire, une récompense éclatante pour ce jeune soldat.

— Où est-il maintenant? demanda l'Empereur.

— A Méry, Sire, répondit Marie.

Eh bien! mon enfant, fit Napoléon en détachant la croix qu'il portait à sa boutonnière, vous porterez à Julien cette croix pour récompense de la valeur qu'il a déployée ici. Il n'avait pas déserté, car je vous avais mise sous la protection de l'armée, et il a fait son devoir en cherchant à vous arracher des mains de lâches ravisseurs. Quant au sergent Chaudoreille, il me répondait de Julien et de vous; je ne puis donc le punir d'avoir suivi mes ordres.

— Oh! Sire, s'écria Marie en prenant la croix des mains de l'Empereur et en la portant à ses lèvres, je savais bien que vous m'entendriez et que vous feriez justice…. La croix-d'honneur pour Julien!… Oh! mon Dieu! mon Dieu!

Et des larmes de joie vinrent baigner le visage de Marie, qui se précipita aux pieds de Napoléon.

— Relevez-vous, fit-il avec douceur ; je ne suis pas encore quitte avec vous, mon enfant.

Et faisant un signe aux personnes qui l'accompagnaient, il continua sa visite.

Un quart d'heure après, Marie prenait les devants sur les corps de troupes qui se rendaient à Méry. Le bonheur lui donnait des ailes ; elle volait plutôt qu'elle ne marchait pour retrouver Julien.

C'était le 22 février, un mardi. Ce mardi était le mardi-gras du carnaval de 1814.

Depuis la veille, un détachement peu considérable, faisant partie de l'armée qui était restée avec le général Bourmont aux environs de Nogent, était venu s'établir à Méry. Les soldats avaient eu connaissance des succès remportés par l'Empereur et de la retraite des ennemis qui s'opérait sur Troyes. Aussi, la plus folle ivresse régnait-elle au milieu d'eux. Dès le matin, quelques loustics s'étaient imaginés de fêter le mardi-gras. On avait mis à contribution toutes les boutiques de Méry; les héros de Nogent s'étaient transformés pour un jour en pierrots, en turcs, en espagnols, en bergers, en polichinelles et en arlequins, et parcouraient les rues de la ville, la remplissant de bruit et de saillies, et faisant succéder la joie la plus bruyante à la tristesse qui, depuis si longtemps, régnait parmi les habitants. Les cabarets étaient remplis de ces mascarades improvisées; des orchestres recrutés parmi les troupiers et parmi les citadins avaient été organisés de tous côtés, et le beau sexe de Méry assistait ou prenait part aux plaisirs chorégraphiques des conscrits de l'armée française.

Avec la nuit, la gaité n'avait pas cessé; au contraire, elle s'était animée aux libations répétées du jour, et c'était à peine, grâce à la tolérance des chefs, si quelques postes de précaution avaient été conservés aux abords de la ville.

Cependant un jeune Marie-Louise et un vieux sergent, dont les chevrons attestaient les longs services dans les rangs de l'armée, ne prenaient pas part à la joie générale et parcouraient avec tristesse les rues de la ville. C'était Julien et le sergent Chaudeseille. De temps en temps ils échangeaient quelques paroles; mais c'était en vain que le vieux sergent s'efforçait de faire naître l'espoir dans le cœur de son fils. Le Marie-Louise était en proie à une double inquiétude. Il craignait que l'Empereur ne pardonnât pas à son père, et il redoutait pour Marie les dangers de la route qu'elle devait faire pour venir le retrouver.

Le père et le fils étaient entrés dans un café tout rempli de jeunes soldats revêtus des costumes les plus divers et les plus bizarres, dus pour la plupart à l'esprit inventif et à l'adresse de chacun d'eux, lorsqu'une clameur formidable éclata tout à coup dans la grande rue de Méry.

Julien et Chaudoreille se levèrent tous deux et prêtèrent l'oreille.

— Je ne me trompe pas, dit Julien, dont l'œil s'animait et dont le visage se couvrait d'un vif incarnat, je ne me trompe pas, on crie: *Vive la Générale des Marie-Louise!...* Dieu soit loué, c'est Marie.

C'était bien Marie en effet. Portée sur un fauteuil où on l'avait placée comme sur un trône, et affublée du manteau à passementeries d'or d'un général russe, elle était entourée d'une foule de masques qui gesticulaient, criaient et faisaient mille folies autour d'elle, et dont quelques-uns portaient des flambeaux et des torches. Arrivée devant une maison splendidement illuminée où devait avoir lieu un grand bal, on posa à terre le fauteuil et Marie, aux cris toujours répétés de : *Vive la Générale des Marie-Louise!*

A ce moment, Julien et le sergent étaient parvenus à se faire jour jusqu'à la jeune fille.

Celle-ci les aperçut. Se dégageant des mains de ceux qui l'entouraient, parmi lesquels étaient un derviche à barbe grise, un général anglais aussi rouge qu'une écrevisse cuite, un turc et un arlequin, elle s'élança vers le jeune homme et son père en s'écriant : « L'Empereur a pardonné et il a donné la croix à Julien. » Et, tirant de son sein l'étoile que Napoléon lui avait remise, elle la plaça sur la poitrine du Marie-Louise.

— C'est la croix de l'Empereur, dit-elle d'une voix élevée, et c'est en son nom que je la remets à Julien pour sa belle conduite à Nogent.

A ces mots, des cris redoublés de : *Vive l'Empereur! vive la Générale!* remplirent la rue, pendant que Chaudoreille pleurait de joie en serrant son fils dans ses bras.

En ce moment, un masque portant un costume de diable passa près du groupe que formaient le sergent, Julien et Marie. Ce masque était d'une taille élevée, ses yeux flamboyaient sous son loup de couleur rouge et avaient une expression infernale, qui convenait, en effet, admirablement au déguisement qu'il avait choisi. Il portait à la main une torche. D'autres masques le poursuivaient en courant. Ce singulier personnage criait aussi: *Vive l'Empereur!* Mais l'expression de sa voix avait quelque chose de strident et de sinistre.

A cette voix, Marie se retourna et pâlit. Julien, lui aussi, avait été frappé par ce cri étrange, et il lui sembla que déjà il avait entendu cette voix.... Mais le masque était déjà loin.

Soudain, plusieurs coups de feu retentirent; puis on entendit répéter: Aux armes! aux armes! Voilà les ennemis.

A l'allégresse, aux sons des instruments, aux chants joyeux et aux accents bruyants de la folie, succède aussitôt le bruit des armes; et, au bout de quelques instants, tous les Marie-Louise et tous les soldats présents à Méry se trouvaient réunis à l'entrée de la ville, le mousquet au bras, mais sans avoir pris le temps de quitter leurs costumes de carnaval. C'était le spectacle le plus burlesque et le plus imposant à la fois.

Des premiers, Julien et le sergent Chaudoreille s'étaient rendus à leur poste.

L'alerte n'était pas vaine. L'ennemi était bien aux portes de Méry. C'était l'avant-garde du corps de Wittgenstein qui arrivait pour prendre position.

Le combat s'engagea dans les rues mêmes de Méry, où l'on se battit à outrance; mais une longue résistance était impossible, et une poignée d'hommes ne pouvait disputer longtemps la ville à des ennemis cent fois plus nombreux que ses défenseurs.

Cependant Napoléon, qui avait hâte d'arriver pour empêcher la jonction des deux armées alliées, marchait, lui aussi, sur Méry; ses généraux d'avant-garde lui donnèrent avis qu'un rassemblement considérable de troupes avait eu lieu aux environs de cette ville, et qu'une vive fusillade se faisait entendre de ce côté. L'Empereur donna aussitôt l'ordre au duc de Reggio de forcer le défilé de Mesgrigny, et de s'emparer de Méry, qui menaçait son flanc gauche et ses derrières. La division du général Boyer s'avança aux cris de : *Vive l'Empereur !* auxquels répondirent les Marie-Louise qui défendaient les ponts contre les Prussiens. L'avant-garde du corps de Sacken fut repoussée, et les braves conscrits purent, au moyen de cette diversion, se rallier à l'armée française, dans laquelle ils furent reçus toujours affublés de leurs costumes de carnaval, à la grande jubilation de leurs camarades. Les éclats de rire se mêlaient au bruit des coups de feu.

L'ennemi, placé sur la rive gauche, fut obligé d'abandonner la défense du pont; culbuté et repoussé par la brigade Gruyère, formant tête de colonne, il met le feu à ce pont, se rallie de l'autre côté, et engage une fusillade meurtrière. Bientôt le feu se communique du pont aux premières maisons de la rive droite, et les Russes, étouffés par la fumée et la flamme, sont obligés d'évacuer la ville, qu'ils ne peuvent plus défendre. Le pont est à demi brûlé ; mais les tirailleurs français ne craignent pas de passer sur les planches et sur les madriers enflammés, et traversent la ville, suivis par le reste de la brigade Gruyère.

Alors la rage de l'ennemi ne connaît plus de bornes. L'ordre d'incendier est donné partout; la torche remplace le fer et le mousquet, et l'on voit, au milieu de l'incendie qui gagne déjà de toutes parts, un homme couvert du costume de Satan, placé près du général Blücher, et tenant une torche à la main, exciter les soldats et porter partout le feu et la flamme.

Cet homme a jeté son masque. Julien, qui se trouve placé au bout du pont, le reconnaît de loin. C'est le colporteur de Brienne, l'incendiaire de la rue du Bourg-Neuf; c'est le masque qui criait *vive l'Empereur!* et dont la voix l'a frappé: c'est Satan, c'est bien Satan, car c'est le génie du mal et de la destruction. Julien l'a vu: Dieu est juste! il va pouvoir se venger. — Il lève son arme, ajuste cet homme, le coup part, la balle siffle. Satan fait deux pas en avant, porte les mains à sa poitrine, puis s'affaisse sur lui-même; ses yeux ont rencontré ceux de Julien, une expression de fureur et de rage passe sur ses traits déjà crispés par la douleur; mais bientôt un sourire de triomphe la remplace; le madrier enflammé sur lequel Julien est suspendu au-dessus de l'abîme vient de céder et le Marie-Louise est emporté avec la poutre qui s'écroule.

A ce moment, Méry tout entier est la proie des flammes. A la lueur de cet incendie, l'ennemi, sans pitié ni merci, égorge les habitants, tue, sabre et massacre tout ce qui s'offre à sa fureur, jusqu'à ce que l'armée française soit enfin maîtresse du lieu où fut Méry.

Le lendemain, les deux armées bivaquent en face l'une de l'autre des deux côtés de l'Aube. L'Empereur a transporté son quartier-général au hameau de Châtres, où il passe la nuit dans la boutique d'un charron.

C'est là qu'il reçoit un aide-de-camp de Schwartzemberg porteur d'une réponse de l'empereur d'Autriche à sa lettre du 17. Après une longue conversation, Napoléon annonce au prince que, de Troyes, il enverra aux avant-postes ennemis un général pour y traiter d'un armistice. C'est là, aussi, qu'il a une conférence avec le baron de Saint-Aignan, beau-frère du duc de Vicence, qui, au nom de deux ministres, le conjure de répondre aux vœux unanimes que forme Paris pour la paix : — Sire, dit le baron de Saint-Aignan en terminant, la paix sera toujours assez bonne si elle est assez prompte. — Elle arrivera assez tôt, réplique vivement Napoléon, si elle est honteuse.

Ce mot circule bientôt dans l'armée, en même temps que le bruit d'une bataille prochaine s'y répand.

L'enthousiasme des troupes ne permettait pas de douter d'une victoire. Les alliés le comprirent ; ils ne voulurent pas hasarder en un jour le sort de la campagne et causer peut-être la perte totale de leurs armées. Dans la nuit du 22 au 23 ils continuèrent leur retraite sur les deux routes de Bar-sur-Seine et de Bar-le-Duc, laissant à Troyes une arrière-garde assez forte pour la couvrir.

Cependant Napoléon et son armée se rapprochaient toujours de Troyes. A cette nouvelle la fureur des soldats ennemis qui occupaient la ville se ranime ; et la lueur de l'incendie

12.

éclaire la triste nuit qui précède le jour de la délivrance.

Le 24, sur les dix ou onze heures du matin, un bruit sourd se fait entendre dans le lointain. C'est la voix du canon; c'est le signal de l'approche des Français. Chacun écoute et espère. Bientôt on peut distinguer le bruit de la fusillade qui a lieu à Montgueux.

Troyes n'était pas tenable. Ses seuls moyens de défense consistaient en quelques rédons construits aux principales portes, et en quelques palissades faites aux principales brèches. Les alliés le savaient. Aussi n'y avaient-ils laissé qu'une brigade pour retarder l'entrée des Français. Le général Wockmann, qui la commandait, fit fermer les portes dès que les avant-postes eurent été rejetés des faubourgs dans la ville.

Vers quatre heures, le général Piré, après avoir sommé inutilement la garnison, fait tirer sur la ville. L'ennemi riposte par des obus qui incendient les faubourgs Saint-Martin et Sainte-Savine. Le général fait alors placer une batterie de douze devant la porte de Preize, et l'infanterie se dispose à l'assaut, lorsque le maire et le premier adjoint, ainsi qu'un conseiller municipal, sortent de Troyes malgré les boulets et les balles qui sifflent autour d'eux et viennent annoncer, au nom des alliés, que la place sera évacuée dans la nuit, mais que, si l'on continue l'attaque, le gouverneur y mettra le feu.

— Qu'importe une ville au salut de l'Empire? répond le général Gérard.

Mais ces hommes courageux, dont la postérité gardera le souvenir, demandent instamment à parler à l'Empereur et supplient le général de suspendre l'attaque jusqu'à ce qu'une décision ait été prise par lui.

Enfin l'Empereur a connaissance du message. Il n'hésite pas :

« Leur arrière-garde sera sauvée, dit-il ; mais je ne veux pas causer la ruine d'une des villes les plus manufacturières de mon Empire. »

Le lendemain, au point du jour, l'avant-garde de l'armée française entre dans Troyes, en même temps que les braves citoyens qui ont exposé leur vie pour sauver la ville, et qui sont reçus par les témoignages de reconnaissance de la population.

A onze heures, l'Empereur entre à son tour au milieu d'un brillant état-major et aux acclamations d'un peuple immense. Les soldats sont traités cette fois en libérateurs. Partout on n'entend qu'un cri : Vive l'Empereur ! vivent les Français !

Napoléon rentre vainqueur dans cette ville où il a passé vaincu, il y a près d'un mois. Il est accueilli par des cris de joie et d'enthousiasme, en même temps que l'on voit de tous côtés les habitants poursuivre et maltraiter les fuyards, en même temps que les généraux Nansouty et Kellermann les chassent devant eux sur toutes les routes. Ce fut alors que l'Empereur, voyant frapper un soldat prussien par un habitant, prononça cette belle parole: « Vous mériteriez que je vous fisse arrêter ; c'est une lâcheté de frapper des hommes sans défense. »

L'Empereur était à Troyes. La première partie de sa glorieuse campagne était achevée. Paris était désormais libre, l'ennemi partout était en fuite, et personne ne pouvait prévoir alors qu'un mois après, Paris se rendrait et qu'il abdiquerait à Fontainebleau.

Pour nous aussi, la partie la plus facile de la tâche que nous nous sommes imposée est terminée.

Nous avons raconté comment le génie de l'Empereur dompta la fortune sur les glorieux champs de bataille de la Champagne ; il nous reste à raconter maintenant comment la fortune le terrassa à la fin, sur ce sol généreux où le patriotisme et la valeur sont un héritage national.

CHAPITRE VII

LES CONSPIRATEURS

Napoléon, à son arrivée à Troyes, y établit son quartier-général. Il s'installa dans l'hôtel de M. Duchâtel, situé rue du Temple. Pendant que les maréchaux ducs de Reggio et de Tarente, et que les généraux Gérard et Duhesme, ainsi que le comte de Valmy, se mettaient à la poursuite des Prussiens, une division de la vieille garde, commandée par le général Friant, formait, avec les divisions des généraux Excelmans et Laferrière, un camp de réserve à Troyes.

Que le lecteur veuille bien se transporter avec nous dans un salon dépendant de l'hôtel de la rue du Temple, et situé au premier étage.

Ce salon est très vaste, des boiseries artistiquement sculptées, dont les trumeaux sont de style Louis XV, couvrent les murailles ; aucune peinture ne rompt la monotonie de cette ornementation d'un gris mat; mais quatre grands tableaux, du même style et de la même époque, sont appendus aux quatre panneaux principaux du salon. Ce sont des portraits de famille. Deux des personnages, représentés par l'artiste, portent l'habit de cour, déjà plus sévère, du commencement du règne de Louis XVI. Dans les deux cadres, richement sculptés, qui regardent les premiers, sourient deux figures charmantes de jeunes femmes, habillées suivant le goût florianique et entourées de tous les attributs champêtres, à la mode à cette époque.

Au fond de ce salon, qui s'ouvre par une vaste porte à deux battants, se trouve une grande cheminée de marbre blanc, surmontée d'une magnifique glace de Venise. De chaque côté de la cheminée est une autre porte. Un canapé et quelques fauteuils de forme ancienne, un petit guéridon et une table qui occupe le milieu de la pièce, en forment tout l'ameublement.

Plusieurs officiers supérieurs se tiennent debout près du feu. Ils sont en grande tenue, et on ne se douterait pas, à voir leurs uniformes élégants, leurs épaulettes brillantes, que ces officiers ont combattu la veille.

Ils parlent assez bas pour qu'on distingue, de temps en temps, le timbre vibrant d'une voix qui s'anime dans une des pièces dont l'entrée se trouve à droite de la cheminée, et à la porte de laquelle se tient immobile un huissier, vêtu de noir et portant au côté une épée.

Le salon, que nous venons d'essayer de décrire, sert de salle des gardes ; la porte, placée à droite de la cheminée, conduit dans le cabinet de l'Empereur.

Entrons dans ce cabinet.

C'est une petite pièce tendue d'une étoffe de soie vert clair ; le parquet est couvert d'un tapis de même couleur ; l'ameublement, de la même nuance, est plus élégant que celui du grand salon, et porte le cachet des meubles de Boule ; la cheminée, d'un marbre qui répond au reste du style, est surmontée d'une pendule rocaille et or, et de deux petites statuettes, aussi d'albâtre, représentant Flore et Zéphyr. Des rideaux de soie verte, demi-fermés, ornent les deux fenêtres de cette chambre ; des peintures richement encadrées, parmi lesquelles plusieurs sont signées de noms célèbres, se détachent sur la tapisserie, et un grand nombre d'objets rares et précieux annoncent que ce réduit était l'asile du propriétaire de l'hôtel.

L'Empereur est debout devant la cheminée, le dos tourné au feu.

Il porte l'uniforme des chasseurs de la garde, laissant voir le grand cordon de la Légion-d'Honneur, la culotte blanche et les bottes à l'écuyère. Son épée, la redingote grise qu'il a l'habitude de porter en campagne, par-dessus son uniforme, son chapeau, sont déposés sur un petit sopha. Devant l'Empereur, et à trois pas de lui, se tient, le chapeau à la main, Berthier, duc de Neufchâtel, en grand uniforme de maréchal de France.

L'Empereur tient d'une main des rapports qu'il parcourt avec impatience en battant sa botte du bout de la cravache qu'il serre entre ses doigts. Son sourcil froncé dénote une colère intérieure qui est sur le point d'éclater.

Tout à coup il froisse ces papiers, les jette sur la table qui est devant lui; et, fixant sur le maréchal ce regarde d'aigle qui, comme celui du Jupiter antique, savait faire trembler l'olympe napoléonien :

— Eh bien ! dit-il, j'en apprends de belles !... Il était temps que j'arrive à ce qu'il paraît ! On fait ici de la conspiration royaliste... Voici qu'on ressuscite la cocarde blanche, la croix de Saint-Louis ; voici que toutes les vieilleries oubliées depuis vingt ans reparaissent et qu'on met en face de moi, non plus seulement des canons, des armées, toutes les puissances et toutes les baïonnettes de l'Europe ; voilà qu'on plante le drapeau blanc en face de notre drapeau tricolore, et qu'on songe à restaurer ce vieux trône qui s'est écroulé vermoulu, et dont j'ai fait, moi, un trône nouveau ?.... Ah ! c'est trop fort !

Et, après avoir fait trois ou quatre pas dans la chambre, il ajouta avec plus d'amertume encore:

— Est-ce que je leur ai pris quelque chose ? J'ai tout créé, je n'ai rien emprunté, rien volé à personne. Le sceptre était dans le sang et dans la boue, je l'ai retrempé dans la gloire ; la France était aux prises avec elle-même, j'ai tourné ses forces contre l'étranger ; j'ai remplacé la guerre civile par la guerre étrangère ; j'ai apporté la richesse, l'ordre, la religion et la justice, là où il n'y avait que la misère, l'anarchie, l'impiété et l'arbitraire ; j'ai régénéré mon pays, et mon pays m'a élevé librement, volontairement, sur le pavois ; ma noblesse, ma dynastie, datent de moi ; ma noblesse, ma dynastie, sont celles du peuple :... qu'on vienne y toucher !

A ces paroles le front et le regard de l'Empereur s'étaient en quelque sorte illuminés d'une expression surhumaine, ses yeux lançaient des éclairs : on eût dit que l'auréole des héros et des martyrs éclairait cette tête vigoureusement accentuée, que la pensée profonde et le génie revêtaient d'un caractère sublime.

Napoléon fit encore quelques pas dans la chambre. Le duc de Neufchâtel ne prononçait pas une parole et semblait attendre ses ordres. Tout à coup l'Empereur s'arrêta devant lui, et reprit vivement :

— Mais, au moins, les connaît-on tous, ces amoureux transis de la légitimité ?

— Sire, reprit Berthier, ils ne sont pas nombreux à ce qu'il paraît, et l'empereur Alexandre lui-même n'ajoutait pas grande importance à leurs menées, car il les a éconduits.

— Ah ! dit l'Empereur, qui s'était assis en relevant la tête, il les a éconduits?.... Quand et comment?... Voyons, contez-moi cela, Berthier.

— Vous savez, Sire, fit Berthier, que l'empereur Alexandre avait dans son état-major deux officiers d'origine française, un émigré, le comte de Rochechouart, et l'ex-adjudant Rapatel, ancien aide-de-camp de Moreau.

— Aide-de-camp de Moreau ! interrompt l'Empereur avec un mouvement de mépris ; il devait suivre exemple de celui-là..... Continuez, Berthier.

— Il paraît, Sire, que, pendant les seize à dix-huit jours qu'ils ont passés à Troyes, après notre départ, ces officiers s'étaient mis en relation avec quelques habitants restés fidèles à l'ancienne monarchie. Des conversations on passa bientôt aux confidences, puis à une démarche plus significative. Un ancien marquis, M. de Vidrange, se rendit auprès du prince de Wurtemberg, et s'enquit respectueusement des intentions des alliés, sur le rétablissement de la maison de Bourbon.

— Et ce marquis de Vidrange est-il arrêté?

— Non, Sire, il s'est enfui.

— Allons, allons, il paraît que ces beaux chevaliers ne sont guère redoutables, puisqu'ils abandonnent leur poste dès que j'apparais.... Mais achevez, Berthier... Que répondit le prince de Wurtemberg?

— Il renvoya le marquis de Vidrange à l'empereur de Russie, et celui-ci, soutenu, encouragé par MM. Rochechouart et Rapatel, parvint à entraîner quelques-uns de ses amis de même opinion que lui ou bien enchantés de se mettre en avant; et tous ensemble se rendirent solennellement chez l'Empereur, qui leur avait accordé une audience.

— Quelle audace! murmura l'Empereur.

— Ce fut le 11 février dernier que cette députation fut reçue; elle se composait de huit personnes, dont voici les noms : marquis de Vidrange, chevalier de Gouault, ancien page de Louis XVI, ancien gendarme royal, Richemont de Montaigu, Mangin de Salabert, Gaulon, Delacour, Bureau, et Picard, médecin.

— Ah! ah! ils n'étaient que huit, fit l'Empereur avec une sorte de satisfaction.

— Huit pour la députation, Sire; mais M. de Vidrange et le chevalier Gouault, qui étaient les chefs de ce complot, avaient entraîné trente ou quarante personnes; huit seulement consentirent à faire la démarche officielle. MM. de Vidrange et Gouault étaient, ainsi que le rapport l'indique à Votre Majesté, décorés de la croix de Saint-Louis : tous portaient la cocarde blanche. M. de Vidrange prit la parole en ces termes:

Et le maréchal, lisant sur des notes qu'il avait à la main, continua ainsi:

— « Sire, organes de la plupart des honnêtes gens de Troyes, nous venons mettre aux genoux de Votre Majesté Impériale l'hommage de notre humble respect et la supplier d'agréer le vœu que nous formons tous pour le rétablissement de la maison royale de Bourbon sur le trône de France. »

— Tous! exclama l'Emperereur en se levant, qui? tous? Tous les huit. Ah! voilà qui est trop fort... Et qu'a répondu Alexandre?

— L'Empereur de Russie répondit qu'il voyait

la députation avec plaisir, mais qu'il trouvait la démarche un peu prématurée ; que les chances de la guerre étaient incertaines ....

— Et l'empereur Alexandre a eu raison .... Mais qu'a pensé la ville de cette esclandre ?

— Sire, la population de Troyes, en voyant défiler au milieu des rues ces hommes porteurs de couleurs et d'insignes oubliés, n'éprouva d'abord que de la surprise ; mais, quand on eut expliqué la signification des croix et des cocardes, quand on apprit surtout la démarche de M. de Vidrange et de ses amis auprès de l'Empereur de Russie, l'étonnement fit place à l'indignation ; on oublia les royalistes ; on ne vit plus dans les membres de la députation que des ennemis et des traîtres... Tel est, Sire, le sentiment qui règne encore aujourd'hui dans la ville.

— C'est bien, fit l'Empereur satisfait... Et vous dites, Berthier, que M... de.... de... Vidrange est en fuite..... et le chevalier..... Gouault, je crois,... est resté ?

— Oui, Sire.

— Vous êtes sûr de cela, Berthier ?

— Oui, Sire.

— A la bonne heure! en voilà donc un fidèle à sa cause et à ses principes;.... cela est assez rare pour qu'on le remarque...... Quoi qu'il en soit, il faut un exemple. — Faites arrêter M. Gouault. Il comparaîtra devant un conseil de guerre. M. de Vidrange sera jugé par contumace.... Je dois une satisfaction à toutes les criailleries qui se font autour de moi;..... et d'ailleurs, ajouta l'Empereur comme à lui-même, ce parti légitimiste est le seul dangereux pour moi. Les jacobins, il n'y en a plus, je les ai tués avec les honneurs ; mais cette vieille noblesse......... je n'en aurai jamais raison... Pour eux, *le Roi* est là-bas, et l'Empereur est toujours *Monsieur de Bonaparte*... Ma noblesse, à moi, me sera-t-elle aussi fidèle que celle-là?

— Ah Sire! fit Berthier.

L'Empereur leva la tête, comme étonné d'entendre cette voix. En effet, il se parlait à lui-même et avait oublié le maréchal.

— Allez, dit-il, monsieur le duc, et faites exécuter mes ordres... Nous verrons après.

Berthier s'inclina et sortit.

Et l'Empereur, harassé de fatigue, car il ne

s'était pas débotté depuis son arrivée à Troyes, s'étendit sur le sopha où il s'assoupit bientôt.

Cependant des mesures étaient prises pour l'arrestation de M. le chevalier de Gouault.

M. de Gouault, ainsi que nous l'avons dit, chevalier de Saint-Louis, ancien page de Louis XVI, était, dit un des historiens de cette époque, le dernier rejeton d'une des plus anciennes et des plus honorables familles de Troyes, qui y avait rendu d'éminents services dans des circonstances difficiles. Homme à principes, fidèle à ses affections et à ses sentiments, inébranlable dans son opinion, il était estimé de tous, et avait été appelé, quelque temps avant les événements que nous retraçons, au commandement de la cohorte urbaine de Troyes.

Madame de Gouault, qui avait eu connaissance de tous les actes de son mari, n'était pas sans inquiétude pour lui. Aussi, lorsqu'un commissaire de police se présenta chez lui, elle supplia son mari de se cacher dans son armoire ; mais, à peine l'officier public était-il entré dans la pièce où cette armoire était placée, et avait-il annoncé qu'il venait arrêter M. de Gouault, que celui-ci se présenta de lui-même, disant qu'il était prêt à le suivre.

Et, comme le commissaire de police engageait M. de Gouault à fuir par les derrières de la maison, déclarant qu'il ne l'avait pas fait cerner et qu'il ne s'opposerait pas à sa fuite.

— Je vous remercie, monsieur, dit le chevalier, de votre proposition. Elle me prouve que vous êtes un homme de cœur; mais nous avons tous deux un devoir à remplir. Le vôtre est de m'arrêter, le mien est de subir les conséquences de ma conduite. Celui qui fuit devant le danger qu'il a cherché est un lâche; si je me cachais aujourd'hui, on aurait le droit de dire que je n'ai agi que par ambition, alors que je croyais l'Empereur perdu; je prouverai du moins qu'en servant mon roi, je lui faisais sérieusement le sacrifice de ma vie.

Madame de Gouault éclata en sanglots; elle employa toutes les prières; M. de Gouault fut inflexible; il consola sa femme avec dignité, et après l'avoir embrassée tendrement:

— Venez, monsieur, dit-il au commissaire de police. Je n'oublierai jamais ce que vous avez bien voulu faire pour moi. Où allons-nous ?

— A l'Hôtel-de-Ville, monsieur.

— Vous voyez bien, ma chère amie, ajouta M. de Gouault en se tournant vers sa femme, qu'on ne me mène pas en prison.

Et il sortit avec l'officier de police.

Une heure après, il comparaissait devant le conseil de guerre, réuni dans la grande salle de l'Hôtel-de-Ville pour le juger.

Il était accusé, ainsi que M. de Vidrange, contumace : 1° d'avoir ostensiblement porté pendant l'occupation de la ville par les alliés, et contrairement aux lois de l'État, la décoration de Saint-Louis et la cocarde blanche ; 2° d'avoir entretenu depuis longtemps des intelligences secrètes avec les ennemis de la France ; 3° d'avoir fait ouvertement et publiquement des démarches auprès des souverains en faveur de la cause des Bourbons, dans le but de renverser le gouvernement impérial, etc., etc.

M. de Vidrange et M. de Gouault furent condamnés à mort à l'unanimité.

L'arrêt était exécutoire dans les vingt-quatre heures.

En effet, l'Empereur avait signé le matin deux décrets, l'un ordonnant l'envoi devant les tribunaux civils et militaires : 1° de tous les Français au service des coalisés ou qui auraient accompagné les armées ennemies dans l'invasion du territoire de l'Empire, depuis le 20 décembre 1813; 2° de tous ceux qui auraient porté des insignes ou décorations de l'ancienne dynastie dans les lieux occupés par l'ennemi, et pendant son séjour. L'autre portait destitution du préfet de l'Aube, le baron Caffarelli, qui avait abandonné son poste.

A l'exception de M. de Gouault, aucune des personnes qui avaient trempé dans le complot ne fut arrêtée. Plus de trente à quarante conspirateurs prirent ainsi la fuite, sans que la police cherchât à y mettre obstacle. Un d'eux resta même à Troyes, caché chez un de ses amis, et ne fut pas inquiété. M. Gouault eût certainement pu faire de même, et sans doute, sans la fatalité qui causa sa perte, il n'eût pas été victime de l'honneur le plus chevaleresque, et d'une fidélité à laquelle tout cœur honnête doit rendre hommage.

Mais allons jusqu'au bout de ce tragique évènement

A peine l'arrestation de M. de Gouault fut-elle connue, que deux honorables citoyens de la ville, M. Piot de Courcelles, maire de Troyes, et M. Duchâtel-Berthelin, se rendirent chez l'Empereur, pour implorer sa clémence en faveur du chevalier.

Madame de Gouault les attendait en voiture à la porte de l'hôtel.

MM. Piot de Courcelles et M. Duchâtel savaient qu'il n'y avait pas de temps à perdre; ils gagnèrent rapidement le péristyle de l'escalier qui conduisait aux appartements de l'Empereur.

Là, un factionnaire les arrête.

C'est un jeune soldat, qu'on reconnaît pour un Marie-Louise au toquet bleu, qui remplace le shako pour les jeunes recrues nouvellement attachées aux régiments; mais, tout jeune qu'il est, une large croix brille sur sa poitrine. Sa figure est bienveillante; ses traits, presque féminins, dénotent une douceur extrême, et cependant c'est d'un ton assuré, d'une voix ferme et brusque, que le factionnaire s'écrie, en croisant son arme devant les arrivants : On ne passe pas !

— Mais, mon cher ami, dit M. de Courcelles sans attacher trop d'importance au refus des Marie-Louise, nous avons absolument besoin de voir Sa Majesté l'Empereur.... Je suis maire de Troyes, et ......

— Quand vous seriez le grand-maréchal, réplique sèchement Julien, que nos lecteurs ont sans doute reconnu, vous ne franchirez pas la première marche de cet escalier sans laisser-passer. Voilà ma consigne.

— Ah! ces jeunes soldats, dit à demi-voix M. Berthelin avec impatience, quand ils ont quelque chose dans la tête....

— Voyez les vieux alors, répond Julien, qui a entendu cette réflexion, en montrant de la main un grognard de la garde qui est placé en faction de l'autre côté de l'escalier, et en reprenant sa promenade de long en large; vous verrez s'ils sont plus doux à la détente.

M. de Courcelles avait jeté un coup d'œil sur le vieux de la vieille qui faisait pendant au Marie-Louise; il pensa, à la seule inspection de son visage rude et balafré, qu'il n'y avait rien à faire de ce côté ; il fit un signe à son compagnon, et attendit que le Marie-Louise revînt près de lui en continuant son immuable parcours de quinze pas.

— Je vous demande pardon, monsieur, reprit-il en s'adressant à Julien ; mais il me semble que vous me comprendrez mieux que ce vieux militaire qui est là-bas. Vous êtes jeune et vous avez du cœur. Cette croix en est la preuve....

Julien fit un geste, et une rougeur naïve passa sur son visage.

— Je vous en supplie, continua M. de Courcelles, ne nous refusez pas de parler au moins à un des officiers supérieurs ou de faire passer ce placet à Sa Majesté. Nous accomplissons une mission sacrée... Il s'agit de la vie d'un homme, d'un de nos amis, un malheureux qui a été entraîné, séduit ; si nous ne pouvons voir l'Empereur aujourd'hui, tout à l'heure, il est perdu ; le conseil de guerre vient de le condamner, et il sera fusillé...

— Fusillé ! fit Julien devenu pensif.

— Oui, monsieur, fusillé ! tandis que si nous pouvons parvenir jusqu'à l'Empereur, nous connaissons sa bonté, sa clémence, sa générosité... Notre ami est sauvé.

— Fusillé, murmura encore Julien. Il se rappelait que lui aussi avait été condamné, qu'il eût été fusillé sans un miracle de la Providence, et son bon cœur luttait en ce moment contre le devoir ; mais cette hésitation ne dura qu'un instant.

— Monsieur, dit-il, c'est la main de Dieu qui vous a conduits vers moi.... Il est deux heures moins un quart, dans un quart d'heure je serai relevé de ma faction ; je ne connais qu'un moyen de faire parvenir ce placet à l'Empereur ; mais pour cela il faut que je trouve une personne....

— Oh ! merci, merci, mon jeune ami, fit M. de Courcelles en serrant la main de Julien ; je savais bien que cette étoile-là annonçait un brave cœur...Dans quelques instants nous reviendrons.

Et les deux hommes s'éloignèrent, pleins d'espérance, en saluant Julien de la main.

Au moment où ils dépassaient le seuil de la porte, près de laquelle se trouvaient plusieurs soldats et officiers, une femme y arrivait en sens contraire.

C'était une jeune fille d'apparence simple, habillée en paysanne et couverte d'une pelisse de drap surmontée d'un capuchon qu'elle rejeta en arrière au moment de franchir la grande porte ; cependant, circonstance singulière, et qui frappa M. Piot de Courcelles, quand elle apparut, les officiers se découvrirent avec respect devant elle, et les soldats lui firent le salut militaire.

Elle passa, simple toujours et pleine d'une sorte de dignité naturelle, en inclinant légèrement la tête, au milieu de ces officiers et de ces soldats qui la saluaient ; puis elle disparut dans la cour.

— Quelle est donc cette jeune fille ? demanda M. Piot de Courcelles, étonné de tout ce qu'il voyait, à un grenadier de la garde.

— Pardine ! c'est la générale des Marie-Louise, répondit le grenadier sans même regargarder son interlocuteur, et sans cesser de bourrer de tabac une pipe qu'il tenait à la main.

— Qu'importe, dit M. Duchâtel en entraînant son compagnon, qu'importe cette jeune fille, cette générale, comme ils l'appellent ?

— Je ne sais pourquoi, reprit le maire tout

pensif, mais il me semble que c'est elle qui peut sauver le chevalier, et dont le soldat a voulu parler.

Un quart d'heure plus tard, les deux amis de M. de Gouault montaient l'escalier que leur avait d'abord barré Julien, et étaient introduits dans le grand salon qui précédait le cabinet de l'Empereur, et où nous avons déjà introduit nos lecteurs.

C'était beaucoup déjà, et il avait fallu à Julien et à Marie bien des démarches et bien des prières pour obtenir cela; car, supposant qu'on viendrait demander la grâce du chevalier, des ennemis secrets, ou des courtisans trop zélés, avaient multiplié les consignes et recommandé surtout qu'aucun haut fonctionnaire de la ville ne fût reçu ce jour-là.

Aux instances de M. Piot de Courcelles pour voir l'Empereur, on ne répond que par ces deux mots :

— Sa Majesté repose.

Pendant deux mortelles heures ils font antichambre devant cette porte, qui est celle du cabinet de l'Empereur, et qu'ils ne peuvent franchir.

Enfin, lassés d'attendre et de supplier, ces deux hommes généreux, qui avaient juré de sauver Gouault, se disposaient à quitter la place et à aviser à un moyen de faire parvenir un placet à l'Empereur, lorsque la jeune fille qu'ils avaient aperçue en sortant entra dans le grand salon où ils étaient assis, et leur annonça qu'une circonstance toute fortuite devait, sans aucun doute, assurer la réussite de leur entreprise. L'écuyer qui allait prendre le service auprès de l'Empereur était des environs de Troyes ; bien que les ordres de Sa Majesté fussent formels, il pouvait les enfreindre ; mais il pouvait aussi encourir la disgrâce de l'Empereur.

— Vous êtes notre ange sauveur, dit M. Piot de Courcelles à Marie, en serrant les mains de la jeune fille dans les siennes. Avec M. de Mesgrigny, notre ami est sauvé.

L'écuyer qui allait prendre le service était M. le comte de Mesgrigny, d'une très ancienne famille de Champagne. Un de ses aïeux avait tenté d'enlever Troyes aux Ligueurs, et de faire rentrer la ville sous l'obéissance de Henri ; et, depuis, les sentiments d'honneur et de fidélité ne s'étaient pas démentis dans cette famille, comme ils ne se sont pas démentis depuis.

Un mois après les événements que nous racontons, Napoléon, abandonné de tous les siens, trouvait auprès de lui son écuyer, alors que ses plus chers lieutenants, ses plus anciens amis avaient disparu, et ce furent un Mesgrigny, un Bussy, un Montesquiou et un Turenne, tous rejetons de souches aristocratiques et légitimistes, qui montrèrent l'exemple de la fidélité au devoir et de la reconnaissance au bienfait.

M. de Mesgrigny devait en effet beaucoup à l'Empereur ; c'était lui qui avait fait son mariage. Lorsque l'Empereur, allant se faire couronner à Milan, était passé à Troyes, on lui avait présenté une jeune personne d'une grande beauté, appartenant aux premières maisons de la Champagne, mais dont tous les biens avaient été perdus par suite de l'émigration ; on demandait pour elle une faveur de fortune. Une heure après, un page de Napoléon apportait aux parents de cette jeune personne un décret qui leur rendait trente mille livres de rentes, et, un peu plus tard, elle devenait Mme de Mesgrigny.

On pouvait donc compter sur le zèle d'un homme tenant deux fois au sol, par lui-même et par sa femme.

Mais le temps se passait et M. de Mesgrigny n'arrivait pas.

Enfin il paraît.

M. Piot de Courcelles n'a pas de peine à émouvoir son cœur. En deux mots M. de Mesgrigny a tout compris. Dût-il encourir la disgrâce de l'Empereur, il remettra sur l'heure la demande en grâce en faveur de M. Gouault, et il fera tout pour obtenir à l'instant même une audience pour le maire de Troyes.

On court rassurer Mme Gouault, qui attend toujours dans une voiture à la porte de l'hôtel et dont nous n'essaierons pas de peindre les angoisses. S'il le faut, elle viendra se jeter aux pieds de Sa Majesté, implorer elle-même la grâce de son mari. L'Empereur est généreux, sa clémence est inépuisable : tout concourt à sauver le coupable, et l'espérance renaît dans tous ces cœurs dévoués.

Cependant M. de Gouault avait été conduit en prison aussitôt après le jugement du conseil de guerre, et on lui avait notifié son arrêt, conformément au vœu de la loi.

Le chevalier écouta cette lecture sans pâlir. Il avait fait le sacrifice de sa vie ; la mort ne l'effrayait pas. Il avait voulu se punir lui-même d'un moment d'indécision dans ses sentiments politiques. Après avoir accepté l'Empire et l'avoir servi, M. de Gouault avait été entraîné, ainsi que nous l'avons expliqué déjà, à la coupable démarche faite auprès de l'Empereur de Russie. Eût-il regretté son erreur, il n'était pas homme à la reconnaître et à s'excuser. D'ailleurs au milieu de ses réunions légitimistes, dont il avait été un des plus ardents promoteurs, tous, les souvenirs de sa jeunesse lui étaient revenus, et l'ancien page de Louis XVI, l'ancien gendarme du roi, avait fait irrévocablement retour à des idées, un instant oubliées, qui avaient été celles de ses premières années.

Aussi nulle faiblesse ne vint l'atteindre, en ce moment terrible qui allait le séparer de sa famille et le rapprocher de Dieu. Seulement, époux aimant, catholique croyant, il demanda deux grâces : voir sa femme et s'entretenir avec un prêtre ; adresser un dernier adieu à celle qui avait été la digne compagne de sa vie, et se préparer à paraître au tribunal suprême.

On ne lui fit aucune réponse sur ces deux points ; mais, une heure après, on vint l'avertir qu'il eût à se préparer à la mort.

— J'y suis tout préparé, dit M. de Gouault, mais j'avais demandé deux choses. Si on me refuse l'une, on peut du moins, on doit m'accorder l'autre. Il y aurait barbarie à me refuser d'embrasser ma femme une dernière fois, il y aurait impiété à me refuser de voir un prêtre.

On lui dit que les ordres étaient formels ; qu'ils étaient de le conduire immédiatement au lieu du supplice et qu'on ne pouvait les enfreindre.

Alors M. de Gouault reprit sans colère :

— Ainsi le privilége qui reste à l'assassin, je ne l'aurai même pas : les consolations de la religion, on me les refuse !... Et ces ordres, dites-vous, sont ceux...

— De l'Empereur.

— N'ajoutez pas le mensonge à l'infamie, dit en s'animant M. de Gouault ; l'Empereur n'a pas ordonné cela. L'homme qui a relevé l'autel, le souverain qui s'est fait sacrer à Notre-Dame par un pape, l'Empereur enfin, qui a du génie et du cœur, n'a pu donner cet ordre ; mais, puisqu'il a été donné, que la responsabilité en retombe sur ceux qui en sont les auteurs ; à défaut d'un prêtre que je demande, Dieu m'entendra.

Et, se mettant à genoux sur la dalle, le condamné, la tête baissée vers la terre, pria pendant quelques minutes.

L'officier qui venait le chercher n'osa l'interrompre et attendit avec respect.

Quand M. de Gouault se releva, une larme brillait dans ses yeux ; mais sa figure était calme et sereine. Il venait de dire un éternel adieu à sa femme, il venait de se réconcilier avec le Ciel.

— Je suis prêt, monsieur, dit-il simplement. Comment dois-je mourir ?

— Vous serez passé par les armes, répondit l'officier.

— A la bonne heure ! je mourrai en soldat.

Ce fut tout. Il descendit les escaliers sans chanceler, arriva dans une cour où un peloton attendait immobile, avec cette gravité funèbre qui marque toujours les visages des hommes chargés d'accomplir une exécution militaire.

Le condamné se plaça au centre de la petite troupe, et tous se dirigèrent vers la place du Marché-à-Blé, à deux pas de l'hôtel du *Mulet*.

Cependant, M. de Mesgrigny n'avait pas perdu un instant. Il était entré dans le cabinet de l'Empereur, qui reposait, tout habillé, sur le sofa où nous l'avons vu le matin ; mais où il n'était resté que quelques instants, bien qu'il n'eût pas dormi depuis quarante-huit heures.

Au bruit qu'il fait en entrant, Napoléon s'éveille.

— Qu'y a-t-il, monsieur, demande-t-il à son écuyer.

— Sire, dit M. de Mesgrigny en présentant le placet, un de mes concitoyens, un homme honorable et estimé, égaré par des conseils perfides, ébloui par des promesses trompeuses, est sur le point de payer son erreur de sa vie. La ville de Troyes, tout entière, demande sa grâce à Votre Majesté, par l'organe de son premier magistrat, de son maire, qui est là dans ce salon ; sa famille, éplorée, attend dans les larmes les effets de votre générosité et de votre clémence.. Enfant de ce pays, je ne pouvais pas, je ne devais pas refuser à mes compatriotes de me joindre à eux... Pardonnez-moi, Sire, si j'ai enfreint vos ordres pour sauver un malheureux.

— C'est bien, monsieur, fit l'Empereur, le sourcil froncé, je verrai.

— Mais, Sire, en ce moment peut-être l'infortuné Gouault,...

— Comment ? Pourquoi s'être pressé ainsi ? J'avais ordonné qu'on le condamnât,... non pas qu'on l'exécutât, ajouta plus bas l'Empereur.

Et, se levant aussitôt, il s'approcha de son bureau et y écrivit de sa main ces deux lignes :

« Ordre de suspendre l'exécution du chevalier Gouault. » Et il signa : Napoléon.

— Courez à l'état-major, dit-il.

M. de Mesgrigny se précipita, plein d'émotion, sur la main que lui tendait l'Empereur.

A ce moment même le bruit sourd d'une détonation lointaine se fit entendre. M. de Mesgrigny, frappé d'un funeste pressentiment, resta immobile et il lui sembla qu'une sorte de tressaillement nerveux contractait le visage de l'Empereur ; mais cette impression passa rapide comme l'éclair.

— Qu'est-ce cela ? demanda enfin Napoléon.

— Sire, tout est fini sans doute.... Le malheureux Gouault.....

Sans dire une parole, l'Empereur reprit sa place sur le sofa, les yeux baissés vers la terre, et garda longtemps le silence ; puis, se levant, il le rompit enfin en disant : « La loi le condamnait. »

M. de Mesgrigny sortit le cœur navré, et alla retrouver M. Piot de Courcelles et M. Duchâtel. Il tenait à la main l'ordre de l'Empereur. Ces trois hommes de cœur se serrèrent la main sans prononcer une parole, et allèrent retrouver Mme Gouault qu'ils trouvèrent mourante dans sa voiture.

L'écuyer ne s'était pas trompé. Cette détonation qu'on venait d'entendre, c'était M. de Gouault qu'on passait par les armes.

Voici comme les choses s'étaient passées :

Arrivé sur la place du Marché-au-Blé, le condamné avait jeté un regard de regret autour de lui, mais surtout du côté de l'église voisine de cette place ; puis il s'était placé contre un grand mur situé en cet endroit, ainsi qu'on le lui avait indiqué.

M. le chevalier de Gouault était un homme de haute taille et de la plus martiale prestance. Sa figure était belle et pleine de douceur ; à ce moment solennel, elle était empreinte d'une expression de résignation sublime. Il était pâle, mais calme et digne.

Une foule considérable était accourue sur le lieu de l'exécution, mais des précautions militaires avaient été prises. Au reste, cette foule était silencieuse et recueillie ; pas un cri ne se faisait entendre ; la mort planait au-dessus de tout ce peuple.

Un sous-officier s'approcha du chevalier pour lui bander les yeux.

— C'est inutile, dit-il, je meurs pour mon roi, je saurai bien regarder la mort en face.

Alors, après avoir contemplé une dernière fois le ciel, il commanda lui-même le feu ; on l'entendit s'écrier : Vive le Roi ! Vive Louis XVIII ! puis une détonation couvrit sa voix.

Le chevalier de Gouault avait cessé de vivre !

« Tant d'autres qui, comme lui, ont imploré le secours de l'étranger pour l'accomplissement de leurs vœux, a dit un historien, n'auraient pas eu peut-être le courage de mourir aussi noblement pour la cause qu'ils avaient embrassée. »

La foule s'écoula silencieuse.

Au moment même où le condamné tombait sous les balles des soldats, une jeune fille arrivait en courant sur la place du Marché-au-Blé.

Elle s'arrêta hors d'haleine et s'appuya sur une borne, comme si elle n'eût pu se soutenir. Elle était pâle et tremblante. Une larme brûlante tomba de ses yeux, puis elle murmura ces deux seuls mots : Trop tard !

Cette jeune fille, c'était Marie.

CHAPITRE VIII

LE PRESBYTÈRE DE VILLAGE

Pendant que l'Empereur, à Troyes, recevait un aide-de-camp du généralissime commandant les troupes alliées, et que les négociations abordées déjà le 23, au hameau de Châtres, près Méry-sur-Seine, entre les quatre murs de la chaumière d'un charron, étaient officiellement reprises, d'autres événements se préparaient, qui devaient rendre ces négociations inutiles.

Bien qu'il n'entre pas dans le cadre de ce récit d'exposer les faits politiques et de faire entrer nos lecteurs dans les voies abstraites de la diplomatie, nous ne pouvons cependant passer sous silence les propositions et le programme qui s'échangeaient alors de part et d'autre. Les défaites des derniers jours avaient porté leurs fruits. L'envoyé du généralissime ne dissimulait point la portée des échecs subis par les alliés et affirmait que le désir d'une suspension d'armes était chez eux fort sincère ; il déclara que jamais l'Autriche ne se prêterait à une combinaison hostile à l'existence politique de Napoléon et au maintien de sa dynastie. « Ce que désirent les alliés, dit-il en terminant, c'est la paix ; la mission que je viens remplir en est une preuve. »

Le résultat de ces pourparlers fut une réunion des généraux, négociateurs de l'armistice, au village de Lusigny, à quelques lieues au-delà de Troyes, à mi-chemin entre cette ville et Vendeuvre.

Le général Flahaud fut désigné par l'Empereur pour le représenter à la conférence qui fut immédiatement ouverte. Deux négociations allaient donc se poursuivre parallèlement à quelques lieues de distance: à Châtillon, à Lusigny; mais ni les représentants de la diplomatie européenne réunis au congrès de Châtillon, ni les députés des armées ennemies réunis à Lusigny, n'étaient de bonne foi. Aussi, dans le même moment où les conférences étaient arrêtées d'un côté, le congrès interrompait ses protocoles, sous prétexte d'attendre les résultats de ces conférences militaires.

De tous ces souverains, celui qui voulait le plus sérieusement la paix, c'était celui-là même à qui tous reprochaient de demander la guerre: c'était Napoléon.

En effet, pendant que ces semblants de rapprochements avaient lieu, et que toute cette comédie diplomatique se jouait, comédie à laquelle l'Empereur ne se laissa prendre que parce que ses soldats avaient besoin de repos, de nouvelles dispositions sont prises : les conseils des souverains alliés déterminaient une seconde séparation des deux armées de Schwartzemberg et de Blücher; l'armée de Silésie se mettait en marche le 24 pour passer l'Aube à Baudement et séparer le duc de Raguse de la grande armée française, en le refoulant contre la Marne. Cette armée, en opérant sa jonction avec les corps de Bulow, Worengow, et Winzingerode, devait former une masse de cent mille hommes destinée à marcher de nouveau sur Paris. Cette diversion puissante devait avoir lieu tandis que le généralissime, se repliant sur Langres, au delà de l'Aube, s'opposerait soit aux projets de l'Empereur dans l'Est, soit aux opérations du duc de Castiglione, qui devait gagner la Franche-Comté avec l'armée de Catalogne.

Napoléon apprend à Troyes que Blücher a déjà fait jeter trois ponts sur l'Aube, à Baudement; qu'il marche sur Sézanne, et que les maréchaux Mortier et Marmont, forcés à la retraite, après s'être rejoints à la Ferté-sous-Jouarre, avaient passé la Marne, brûlé le pont, et se portaient en toute hâte sur Meaux, menacé par les Prussiens.

En même temps qu'on lui apporte ces nouvelles, Macdonald entre dans son cabinet, une dépêche ouverte à la main et la figure toute défaite:

— Sire, dit-il en entrant, j'ai une mauvaise nouvelle à vous annoncer; mais je sais que vous n'aimez pas qu'on retarde à vous faire connaître celles-là surtout; et....

— Qu'est-ce donc? reprend l'Empereur en relevant la tête.

— Sire, les alliés se sont emparés, hier 26, d'un de nos convois, portant une quantité considérable de poudres et des munitions de toute sorte. Cette capture est si importante, qu'ils l'ont célébrée dans un bulletin que voici.

— Donnez, fit l'Empereur en prenant le papier que lui présentait Macdonald ; et, après avoir lu :

— Ils mentent! on vous a trompé, maréchal : c'est impossible. Tenez, voyez vous-même, ajouta-t-il en se levant, ce bulletin est mensonger, il porte la date du 29. C'est une pièce fausse !

Et il montrait du doigt le chiffre 9.

— Sire, dit Macdonald, ce 9 est un 6 retourné, voilà tout ; c'est une erreur typographique, et malheureusement le fait n'est que trop certain.

— C'est vrai, c'est vrai, murmura Napoléon, c'est une fatalité.... Allons il faudra leur reprendre cela..... Au reste j'avais pris mes précautions, nous partirons aujourd'hui même. Que Blücher se tienne bien. On me l'a laissé échapper une fois ; mais si je le retrouve, moi, il n'en sortira pas à si bon marché.

Ce jour-là même, 27 février, à midi, Napoléon quitta Troyes.

A midi l'Empereur arriva à Arcis-sur-Aube et

descendit au château de M. de la Briffe, son chambellan. Il ne s'y arrêta qu'une heure pour déjeuner, pendant que les troupes bivaquaient dans les environs de Fère-Champenoise ; après quatorze lieues faites à franc étrier, on fit halte au petit village d'Herbisse.

C'était là que Napoléon devait passer la nuit. Le presbytère du village avait été désigné d'avance par Berthier, pour servir de quartier-général.

Ce presbytère était occupé par un respectable curé. C'était, comme la plupart des presbytères de campagne, une pauvre maison composée d'une chambre et d'un fournil, habitée par le pasteur et sa vieille gouvernante. Un lit, trois chaises de paille, quelques rayons de chêne supportant des livres de piété, deux gravures représentant des sujets de sainteté, composaient, avec un christ de bois peint, tout l'ameublement de cette pièce.

Le vieux curé, assis auprès d'une grande cheminée dans laquelle brûlait encore le reste d'un petit feu, finissait de lire son bréviaire à la lueur d'une chandelle fumeuse, et le chant monotone de sa gouvernante, qui fredonnait un cantique, commençait à l'endormir, lorsqu'un bruit d'armes et de chevaux se fit entendre à la porte.

— Sainte-Vierge, monsieur le curé, s'écria la pauvre femme plus morte que vive, avez-vous entendu?

— Oui, ma fille, allez-voir ce que c'est.

A cet instant on frappa violemment à la porte; et plusieurs voix, demandant impérativement qu'on ouvrît, se firent entendre.

— Que j'aille.... voir, reprit la vieille; mais, monsieur le curé, ce sont peut-être des cosaques.

— Eh bien! va ouvrir aux cosaques... ou ils enfonceront la porte.

— Mais, monsieur le curé, ils pilleront tout ici.

— Ah! pour cela ce sera bientôt fait.

Et le bon curé reprit sa lecture, pendant que la vieille s'en allait à pas comptés, et tremblante de frayeur, ouvrir la porte.

Le curé d'Herbisse était un beau vieillard à la tête blanche, au regard doux, à la physionomie simple et naïve; un de ces hommes qui

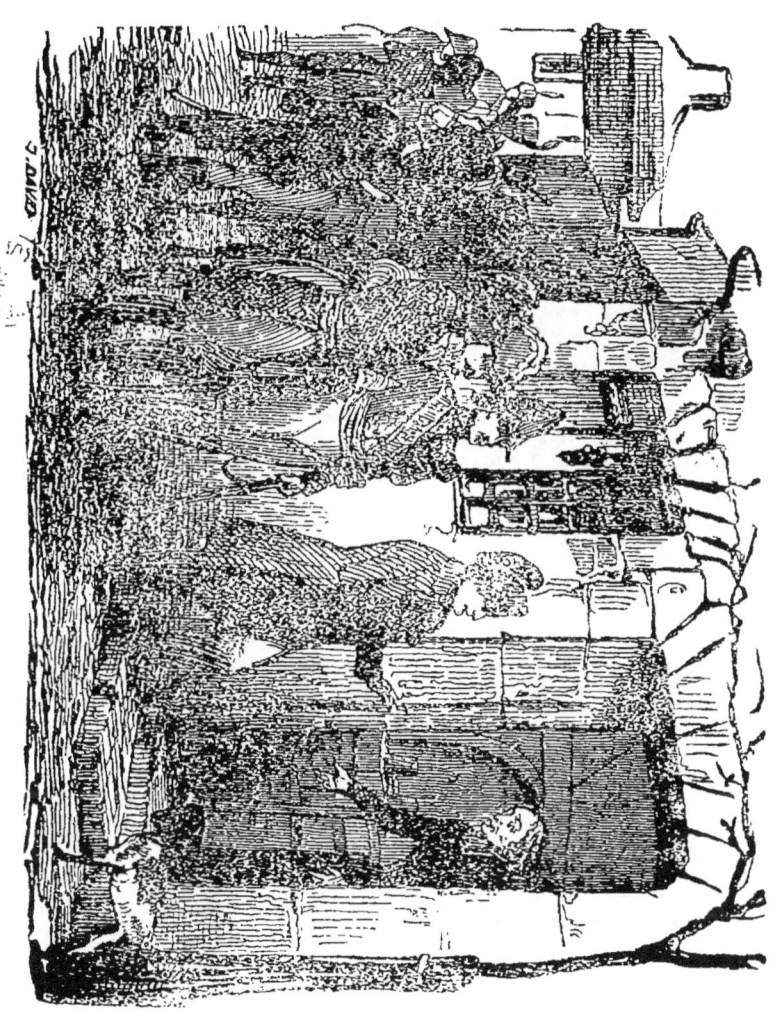

trouvent en Dieu toutes les vertus, et en leur foi tous les courages. Aussi la frayeur de sa ménagère ne l'avait-elle pas gagné.

Cependant, au bruit qui se fit, et aux exclamations de la gouvernante qu'il entendait de loin, il se leva ; et, prenant la lumière qui était près de lui, il se disposa à aller savoir par lui-même ce qui causait son étonnement ; mais le bon curé s'arrêta immobile et comme pétrifié en voyant apparaître, à la porte qu'il allait franchir, l'Empereur, qu'il n'avait jamais vu qu'en portrait, mais qu'il reconnut tout d'abord à son invariable costume et à l'état-major qui l'entourait.

A cette vue, le curé d'Herbisse faillit perdre la tête de joie et de surprise.

— Quoi, Sire! dit-il.... Votre Majesté... ici.... chez... C'est un honneur!...

Il ne put trouver que des monosyllabes et balbutia quelques mots sans suite.

— Jésus, mon Sauveur ! balbutia la vieille, qui était restée à l'écart, Sa Majesté l'Empereur chez M. le curé !

— Bonjour, monsieur le curé, dit l'Empereur

avec ce ton de bienveillance qu'il savait prendre à l'occasion ; ne vous effrayez pas de notre visite; nous venons vous demander l'hospitalité pour une nuit seulement, et nous tâcherons de ne pas trop vous gêner.

— Sire, répliqua le bon curé, en montrant d'un geste plein de noblesse la pauvre chambre, tout ce qui est ici est à vous ; j'ai bien peu de chose à vous donner, mais du moins je vous le donnerai de bon cœur…. Tous mes vœux à présent sont exaucés, je ne mourrai pas sans avoir vu l'Empereur…. Ah! Sire, que de fois j'ai prié pour Votre Majesté et pour la France.

— Merci, monsieur le curé, fit l'Empereur, les prières d'un vieillard doivent porter bonheur.

Et s'installant devant la cheminée, auprès d'une table où on a placé ses cartes, il se met au travail avec le prince de Wagram, pendant que le respectable curé le regarde faire tout ébahi.

Les officiers et tous ceux qui faisaient partie de ce qu'on appelait le service d'honneur de l'Empereur s'emparent du fournil. Il n'y avait pas à choisir. L'hôte tient à faire les honneurs de chez lui, et se confond en excuses de n'avoir que peu de provisions, lorsqu'il voit tout à coup la table improvisée qu'on vient d'établir sur un tonneau se couvrir de bœuf froid, de volailles, de fruits et de vin.

— Seigneur, s'écrie-t-il, croyant à un miracle, d'où vient tout cela, Suzette ? et où as-tu pris tous ces vivres ?

Suzette sourit, car elle connaît la clef de ce mystère ; et elle a vu arriver le mulet de la cantine.

— Mais des siéges ?

— En voici, monsieur le curé, dit un des généraux, en montrant de grosses bûches sciées en deux, dont on a fait des tabourets pour les officiers généraux.

— Le reste de l'état-major reste debout ; mais on force l'hôte à s'asseoir et à prendre part au repas.

Le curé d'Herbisse est placé près du maréchal Lefèvre, très réjoui de l'étonnement perpétuel de l'excellent homme, qui ne peut comprendre que ces messieurs parlent des localités comme s'ils étaient du pays.

— Eh quoi! dit-il, vraiment général, vous saviez d'avance que vous viendriez ici à Herbisse, et que vous descendriez chez le curé du village? mais vous me connaissiez donc?

— Nous connaissions le presbytère et nous savions bien qu'on ne nous y refuserait pas l'hospitalité; c'est que voyez-vous, monsieur le curé, votre presbytère est là, ajouta le maréchal en montrant une carte déployée derrière lui.

— Là, fait le prêtre ouvrant de grands yeux.

Et il faut que le maréchal lui montre sur la carte de Cassini les indications du village, le presbytère, la route qui y mène.

— Qu'y a-t-il d'étonnant à cela, monsieur le curé? Vous pourriez bien aussi nous indiquer une route que nous ne connaissons pas, ou que nous ne fréquentons pas assez,... celle du ciel.

Après le souper, on fit chanter la vieille gouvernante, qui dit de très bonne grâce un cantique sur l'air: *O Fontenay*, et la soirée s'écoula dans ce pauvre presbytère au milieu de la joie la plus pure et au milieu des lazzis les plus amusants.

Tous ces hommes qui plaisantaient ainsi pouvaient combattre et peut-être mourir le lendemain.

Enfin, il fallut songer au repos. Quelques bottes de paille servirent de lit aux officiers supérieurs, pendant que les autres s'installaient dans une grange voisine.

Le curé ne pouvant aller coucher dans sa chambre, occupée par l'Empereur, on lui donna la place d'honneur sur le lit de camp. Il y dormit le mieux du monde, et y fit sans doute des rêves dorés ; car lorsque le matin à quatre heures l'Empereur, qui ne s'était pas déshabillé, sortit de la pièce où il avait passé la nuit, recommandant qu'on ne fît pas de bruit, le bon curé ne s'éveilla pas.

En un instant tout le monde fut debout ; et le jour n'était pas levé que Napoléon et son état-major avaient quitté le presbytère d'Herbisse.

La servante descendit la première du réduit où elle couchait, à côté du grenier. Le presbytère était toujours dans l'obscurité.

Croyant s'être levée avant tout le monde, elle traversa doucement le fournil, et arriva à la porte de la chambre du curé, qu'elle supposait encore occupée par l'Empereur. Cette porte était ouverte ; un homme était assis auprès de la cheminée où un grand feu était allumé. Ce n'était pas un officier, car il ne portait pas d'uniforme ; son costume était celui d'un voyageur : une sorte de tunique de drap, serrée à la taille par une ceinture de cuir ; de gros souliers avec des guêtres de cuir jaune montant à mi-jambe, et un chapeau de feutre à larges bords tombant sur les yeux. Une barbe rouge assez épaisse empêchait de bien distinguer ses traits éclairés par la lueur du foyer. Près de lui étaient un manteau et un bâton ferré. Il paraissait absorbé dans ses pensées et n'entendit pas les pas de la gouvernante.

Ce n'était assurément pas un malfaiteur ; car tout près de lui, sur la cheminée de la chambre, brillaient des louis d'or qui y avaient été laissés, et que la ménagère distingua parfaitement, malgré la demi-obscurité qui régnait dans la chaumière.

Pensant que cet homme ainsi installé au presbytère appartenait à la suite de l'Empereur, la servante entra, et s'approchant de l'étranger :

— Où donc est Sa Majesté ? dit-elle.

— Quelle Majesté ? fit l'homme sans lever la tête.

— Quelle Majesté ? Eh ! Sa Majesté, l'Empereur Napoléon, qui a couché ici cette nuit.

— Napoléon a couché ici cette nuit ? exclama l'étranger, en se levant.

Et une expression singulière de regret, qui ressemblait à de la haine, vint éclairer son œil fauve et sa figure sinistre.

— Eh quoi ! reprit la servante, vous n'êtes pas de sa suite ?

— Non.

— Alors l'Empereur est donc parti ?

— Sans doute.... Mais tenez, ce papier placé là près de cet or vous mettra sans doute au courant ; prenez de la lumière et voyez.

— Mais vous, Monsieur, qui êtes-vous ? demanda la vieille en allumant une chandelle au feu de l'âtre.

— Je suis un voyageur qui, connaissant le bon cœur du curé d'Herbisse, est venu pour lui demander l'hospitalité ; j'étais exténué de fatigue ; la porte était ouverte, votre maître dormait ; je suis entré et me suis assis près de ce feu : voilà tout.... Que faut-il de plus pour franchir le seuil de la maison du Seigneur ?

Pendant que l'étranger parlait, la servante était enfin parvenue à se procurer de la lumière.

— Jésus, mon maître ! s'écria-t-elle en supputant de l'œil la somme que pouvait former le monceau de pièces d'or laissées sur la cheminée, c'est un trésor.... Mais que dit ce papier ? Et, mettant ses lunettes, elle lut ces mots : « De la part de l'Empereur à M. le curé d'Herbisse, pour les pauvres de la paroisse, 1,000 fr. en or. »

— Mille francs en or, Sainte-Vierge ! Monsieur le curé, mille francs pour les pauvres ; mais venez donc, monsieur le curé, venez donc voir.... Ah ! le bon Empereur ! Vive l'Empereur ! ajouta la vieille gouvernante, presque dansant de joie, en se rapprochant du fournil où était couché le curé.

— Voyez la vieille folle, murmura l'étranger qui se tenait debout devant l'âtre. Parbleu, ajouta-t-il plus haut, ces mille francs-là ne lui coûtent pas cher à notre Empereur,... il les donne,... comme il les a pris.... Ces mille francs font peut-être partie des biens confisqués aux familles des victimes qu'il a fait fusiller à Troyes…. Criez, criez bien vive l'Empereur ! son temps approche.

Et, s'asseyant après avoir prononcé ces paroles que la servante, trop occupée de la trouvaille, n'entendit pas, le voyageur s'accouda pensif sur la table où l'Empereur avait travaillé avec ses aides-de-camp, et ses yeux tombèrent par hasard sur un papier à demi brûlé et qui se trouvait à ses pieds. Par un mouvement en quelque sorte naturel, et sans peut-être se rendre bien compte de son action, il ramassa ce papier et le posa négligemment sur la table ; mais, à peine y avait-il jeté un regard que sa physionomie changea d'expression, et qu'une joie sauvage éclata sur ses traits à mesure qu'il parcourait la note que la fatalité mettait entre ses mains.

Regardant avec soin autour de lui pour voir si on pouvait l'apercevoir, il plaça ce papier dans une poche secrète de son vêtement en murmurant :

— Ah ! c'est une bataille que tu veux ; c'est bien, tu ne l'auras pas… Combattre ses généraux et le fatiguer dans une poursuite inutile, voilà le plan qu'il faut opposer à ce plan que le hasard me livre et qui met le salut de chaque jour dans une bataille ; Vaux-Champs, Champ-Aubert, Montmirail, sont autant de leçons dont on aurait dû profiter. Mais on dirait qu'ils perdent la tête sitôt *qu'il* paraît ;... on dirait que la fortune le suit en captive et que la victoire accompagne la fortune. On a beau battre ses lieutenants, il remporte, lui, des victoires si grandes et si terribles, qu'elles couvrent toutes les défaites ; il ne faut pas lui laisser de batailles, de victoires à prendre ; pendant ce temps on écrasera les autres,... et il est perdu.

Le curé d'Herbisse, qui entrait en ce moment avec la gouvernante, vint distraire l'étranger de ses réflexions :

— Comment, cela est possible, ma fille, l'Empereur est parti sans que j'entendisse le moindre bruit ?...

— Monsieur, je vous salue... Parti, parti tout à coup, sans que j'aie pu le voir encore une fois, une dernière fois peut-être.... Et vous, monsieur, ajouta le bon prêtre avec émotion, l'avez-vous vu? étiez-vous là quand il est parti l'Empereur ?

— Non, monsieur le curé.

— Mais voyez donc, monsieur le curé, cet or, c'est l'Empereur qui l'a laissé pour les pauvres de la paroisse, dit la servante.

— Quel grand cœur ! Il pense à tout... N'importe, je garderai cet argent, j'attendrai : un moment viendra peut-être où on en aura besoin pour les frais de la guerre;.... mes pauvres auront toujours de quoi vivre, je m'en charge ; en ce moment il faut d'abord penser aux soldats qui nous défendent... Ces mille francs je les mettrai de côté ; en cas de défaite, l'Empereur ou les siens les retrouveront ;... avec cela nous pourrons donner longtemps l'hospitalité et des vivres à tous les militaires qui viendront frapper à notre porte.

— Et malheureusement, continua l'étranger, qui avait laissé parler le curé sans prononcer une parole, malheureusement cela ne sera pas long. L'Empereur persiste à faire la guerre, alors que les puissances alliées, comme la France, ne demandent que la paix ; c'est ainsi qu'il causera notre ruine à tous :... mais nous sommes encore prêts à faire ce sacrifice pour lui, n'est-ce pas? monsieur le curé, ajouta-t-il d'un ton qu'on pouvait prendre pour de l'intérêt, mais qui cependant ressemblait à une sanglante ironie.

— Oui, oui, monsieur, reprit le curé d'Herbisse en s'animant, nous ferons tous les sacrifices, s'il le faut, pour soutenir notre Empereur ;... mais ce que vous dites n'est pas possible. L'Empereur veut la paix. Hier encore, ici, il en parlait devant moi avec ses généraux, et il se plaignait de ce que toutes les propositions des souverains alliés à cet égard n'étaient que des mensonges et des piéges.

— Je puis vous en parler savamment, autant que qui que ce soit, répondit l'inconnu ; j'ai été fait prisonnier par les Prussiens, et, comme je connais le pays, on m'avait pris pour guide du général Blücher et de son état-major. Prussiens, Russes, Autrichiens, tous demandent la paix à grands cris ; mais, comme l'Empereur veut la guerre à toute force, c'est une tactique de sa part d'affirmer que ce sont les ennemis qui la veulent. Enfin, si telle est la volonté de Napoléon, nous devons.....

— Vous mentez, monsieur, dit en l'interrompant une voix claire et vibrante qui fit tressaillir l'étranger, et vous savez que vous mentez, si, comme vous le dites, vous avez été prisonnier des ennemis ; car vous n'ignorez pas non plus que le général Blücher marche sur Paris, et qu'en ce moment c'est sa capitale que l'Empereur défend.

L'étranger s'était levé. Il était pâle, ses traits contractés dénotaient assez la colère qui grondait sourdement en lui ; il s'avança vers la personne qui l'avait interpellé, et qui, restée dans l'ombre, ne pouvait être bien vue par lui ; mais, à une lueur soudaine projetée par un reste de bois sec qui venait de s'enflammer dans l'âtre, il aperçut le visage blanc d'une femme encadré dans le capuchon d'un manteau, et recula de deux pas comme terrifié.

C'était en effet une femme qui avait prononcé ces paroles. Cette femme, c'était Marie.

Le curé et la gouvernante la contemplaient avec un étonnement mêlé de respect.

Marie s'avança tout près de l'étranger.

— Je vous reconnais, dit-elle, je sais que vous êtes, — c'est vous qui me l'avez dit, — la haine et la vengeance ; vous êtes la trahison et la calomnie. Vous voulez perdre celui que je voudrais sauver au prix de mon sang ; vous êtes mon ennemi, vous êtes l'ennemi de Julien, l'ennemi de l'Empereur, l'ennemi de tout ce que j'aime et de tout ce que j'admire. Vous m'avez appris à maudire ma mère, vous m'avez arraché même l'espoir ;... mais Dieu, qui vous voit, vous punira.

— Malheureuse ! fit Frantz les dents serrées par la rage : oublies-tu que tu es seule ici avec ce vieillard et cette femme, et que je puis te briser comme cette chaise ?

Et, saisissant une chaise, il s'avança vers Marie ; mais le pasteur s'était élancé devant elle, et sa main défaillante suffit pourtant à parer le coup destiné à la jeune fille ; cette main retomba alors inerte et sanglante, et la chaise alla rouler aux pieds du prêtre.

La servante poussa un cri terrible, et reçut le vieillard dans ses bras.

— Par un mouvement rapide, Marie reprit sa

place ; et, se tenant debout, calme et imposante, en face de Frantz, elle éleva les deux mains à la hauteur de la poitrine de celui-ci. Dans chacune de ses mains étincelait un cercle de fer.

— Je pourrais vous tuer, dit-elle. Ces pistolets sont chargés et vous voyez que je ne tremble pas ; mais je n'ai jamais fait de mal à personne, et ces armes ne me suivent partout que pour me sauver de la honte et du déshonneur, si jamais je devenais prisonnière et que je tombasse en des mains infâmes.... Vous pouvez partir : je vous le répète, Dieu vous punira.... Quittez ce lieu que votre présence souille, et souvenez-vous que vous devez la vie à une femme.

Frantz sortit sans prononcer une parole. Mais l'expression de rage empreinte sur ses traits décelait assez que sa haine n'avait fait qu'augmenter et que c'était bien le messager du mal qui franchissait le seuil de cette chaumière.

Quand il eut atteint la porte, il se retourna ; et jetant un dernier regard sur Marie immobile et, le tenant toujours en respect :

— Oui, oui, Marie, s'écria-t-il de cette voix stridente et lugubre qui semblait une menace, je te dois la vie, et je m'acquitterai bientôt.

Un éclat de rire satanique se fit encore entendre ; puis tout redevint silence, et Marie, toujours calme, s'occupa de soigner le curé d'Herbisse et de rassurer sa servante.

CHAPITRE IX

LES DEUX FIANCÉS

Le curé d'Herbisse et Suzette, épuisés par tant d'émotions, contemplaient en silence la courageuse jeune fille dont le cœur d'acier n'avait pas tremblé devant un danger imminent. Le prêtre s'était assis, la main inerte et ensanglantée, sans que sa gouvernante songeât à lui donner ses soins.

Marie s'en aperçut. Tirant de sa poche une espèce de petite trousse contenant tout ce qui était nécessaire pour panser des blessures, elle lava les plaies du vieillard et enveloppa sa main qu'elle disposa en écharpe.

Le prêtre, toujours silencieux, se laissait faire. Suzette restait immobile.

C'est que tous les événements qui venaient de se passer dans cette pauvre chaumière, asile ordinaire de la tranquillité et de la paix, avaient bouleversé ces deux cœurs. Là où l'on ne parlait que de Dieu, de pardon et de miséricorde, des hommes avaient parlé de guerre, de destruction et de carnage, avaient supputé le sang répandu et le sang à répandre, avaient raillé la mort qu'ils affrontaient chaque jour, sans s'occuper de ce qui les attendait après elle, et étaient partis le sourire sur les lèvres, pour la braver encore ; l'Empereur, ce héros dont le bon curé d'Herbisse avait entendu parler tant de fois, était entré dans sa modeste demeure, lui avait adressé la parole, avait travaillé sur sa petite table, s'était couché sur son lit, puis était parti sans qu'il pût saluer son départ comme il avait salué son arrivée. Ce n'était pas tout : à cette même place où s'était assis l'Empereur, un inconnu était venu s'asseoir, paraissant dans cette chaumière comme le démon après l'ange, comme l'esprit du mal après le bon génie ; par ses paroles menteuses, il avait jeté le doute dans l'esprit du vieillard, lorsqu'une femme, une jeune fille était entrée, et, semblable à l'archange Michel terrassant le démon, elle avait écrasé cet homme avec la vérité et l'avait tenu rugissant à ses pieds. Alors, cet homme était parti menaçant comme la vengeance, hideux comme le crime ; et cette jeune fille, à la figure angélique, au regard doux, au front blanc, tout à l'heure si fière et si forte, était restée seule et avait donné ses soins au vieillard.

Tout cela s'était accompli en quelques heures, tout cela avait passé comme un rêve, et le bon curé d'Herbisse croyait en effet rêver en voyant, Marie, agenouillée près de lui, terminer le pansement de sa main blessée.

— Mon Dieu ! mon Dieu ! dit-il enfin, protégez votre serviteur et donnez-lui la force, si le temps des épreuves est venu pour lui. Seigneur ! Seigneur ! j'ai passé ici ma vie à vous aimer et à vous glorifier, à aimer et à secourir mes frères, à louer les bons et à plaindre les méchants; jusqu'à ce jour ma mission a été simple, grâce à votre bonté infinie; jeté dans ce pauvre village où l'honnêteté est la compagnie du travail, le bien m'a été facile à faire, et je n'ai eu que bien rarement à combattre le mal. Aussi, Seigneur, je suis faible aujourd'hui, alors qu'un nouvel horizon s'ouvre pour moi ; mon esprit s'égare au milieu de ces événements, de ce bruit ; ma raison s'obscurcit devant cet homme glorieux qui passe et qui n'est pourtant que le premier de vos serviteurs, elle hésite devant cet inconnu qui menace et qui maudit. Et pourtant j'ai charge, Seigneur, de lier et de délier en votre nom....

La figure du vieillard rayonnait de foi et d'espérance. On eût dit qu'il attendait que ce Dieu qu'il invoquait vînt à lui pour faire la lumière dans son cœur timoré. Sa physionomie pleine de candeur, encadrée par une chevelure blanche, ses yeux mouillés de larmes tournés vers le ciel, sa main tendue en avant comme pour la prière, tout cela avait un aspect imposant et solennel qui impressionna vivement le cœur de Marie.

Le regard tourné du côté du prêtre, elle s'agenouilla lentement devant lui.

Il se fit un long silence.

Enfin elle le rompit en disant :

— O mon père, écoutez-moi, écoutez une pauvre fille qui a besoin d'ouvrir son cœur à un cœur indulgent, et de demander à un vieillard des conseils qui la défendent contre elle-même.

Depuis deux mois que ma vie est la vie des camps, et que femme je me suis faite en quelque sorte soldat, chaque jour j'ai prié Dieu de m'envoyer la force, chaque jour j'ai regretté le pasteur qui m'a recueillie, élevée, et qui n'est plus là pour me soutenir. Comme lui vous êtes bon, miséricordieux. Ecoutez-moi donc, mon père...

— Parlez, mon enfant, dit le prêtre devenu calme et grave, en congédiant d'un geste Suzette qui se retira.

Marie continua.

— Sans famille, sans amis, orpheline et pauvre, j'étais abandonnée de ma mère et du monde,... quand le curé de Morvilliers me recueillit un jour sur l'autel où il allait prier pour tous ceux qui vivent, souffrent et meurent ici-bas.

— Et votre nom, mon enfant, demanda le curé avec intérêt, votre nom est?...

— Mon nom est Marie. Je fus trouvée le jour de la fête de la Vierge, le 15 août 1796, et l'on me donna son nom.... Dès que je pensai, et que j'aimai, continua Marie sans s'apercevoir de l'impression que faisaient sur le prêtre ses dernières paroles, mon cœur se partagea entre deux personnes. Le premier était mon bienfaiteur, mon père ; le second fut le compagnon de mes jeux, mon frère de malheur ; comme moi sans nom et sans avenir. Un jour, celui qui m'avait servi de père mourut, et Julien seul me resta.

Le prêtre fit un mouvement.

— Alors, tout ce que j'avais de tendresse dans le cœur se reporta sur lui, et mon affection se doubla de celle qu'il me portait. Je vous l'ai dit, mon père, nous étions dorénavant seuls au monde, et ma vie était si bien attachée à la sienne, que je ne me figurais pas qu'on pût nous séparer. Cela arriva cependant. Julien fut soldat ; mais il était comme moi, il revint au village avant le temps, il resta longtemps caché,.... jusqu'au jour où l'ennemi mit le pied sur le territoire de la France. Alors il partit et je le suivis... Je le suivis partout au milieu des combats et des dangers de toutes sortes, mon affection soutenait mon courage..... Éprouvée par les émotions continuelles de la guerre, cette affection ne fut bientôt plus un mystère pour personne... Alors, mon père, la lutte commença pour moi. Une femme n'est pas forte en face de l'homme qu'elle aime et qu'elle voit partir pour combattre ; le cœur est bien faible en face de la mort....

Marie s'arrêta. Le ton de sa voix décelait l'émotion extrême qui l'agitait.

— Eh bien! mon enfant, demanda le prêtre avec inquiétude... Est-ce un pardon, est-ce un conseil que vous venez chercher?

— Un conseil, mon père ; un conseil, car je me demande quelquefois s'il était bien à moi de ne pas combattre ce sentiment partagé qui peut finir le lendemain, le jour même, au choc d'un boulet ennemi ; un conseil, car je ne sais si je suis bien dans la ligne du devoir... du devoir que j'ai rempli pourtant jusqu'à ce jour ; mais, mon père, au milieu de cette vie éphémère, de ces terreurs continuelles, ne suis-je pas en danger? ne dois-je pas me défier de moi-même? un conseil, mon père, un conseil qui soit mon salut.

— Un conseil, noble fille, dit le pasteur ; oui, vous en avez besoin. Dieu vous protége. Mais n'oubliez pas que ne pas fuir le péril, c'est s'y exposer. S'il y a de la gloire à lutter contre ses penchants, si vous avez jusqu'ici été favorisée de la miséricordieuse protection du bon Dieu, cette épreuve a assez duré... Ce Julien est votre frère, qu'il devienne votre époux. Rien ne vous séparera plus.

La porte de la chaumière s'ouvrit, et un jeune homme vint s'agenouiller comme Marie aux pieds du curé d'Herbisse.

C'était Julien.

— Vous savez mon histoire, mon père, dit-il, c'est la sienne.

Seulement Dieu s'est servi d'elle pour me sauver deux fois....

— Qu'il soit fait selon votre désir, dit le prêtre; et, se levant, il continua :

— Julien, consentez-vous à prendre pour épouse Marie, comtesse de Nierberg ?

— Marie, comtesse de Nierberg ! s'écria Julien, au comble de l'étonnement.

— Et vous, Marie, comtesse de Nierberg, voulez-vous que Julien soit votre époux ?

— Oui, je le veux, mon père, fit Marie, interrogeant des yeux le prêtre.

— Soyez donc unis, et soit béni le Seigneur, qui vous a amenés ici tous deux et qui permet que le dernier vœu d'une mère soit accompli. C'est moi que le hasard a fait dépositaire des dernières volontés de la comtesse de Nierberg, votre mère. Elle est morte ici, dans ce presbytère, où la maladie l'a tuée. Trompée par des parents perfides, elle avait entrepris elle-même, malgré de cruelles souffrances, de retrouver la fille qu'elle demandait depuis si longtemps, mais que la mort de son mari lui a seul permis de réclamer hautement et d'appeler auprès d'elle. Car votre mère, Marie, arrachée à son pays, et entraînée au fond de l'Allemagne, avait dû se condamner, dans l'intérêt de son honneur et de votre avenir, à ne pas vous voir. Voici du reste des papiers qui vous dévoileront tout ce mystère.

Et, cherchant dans une armoire, le curé d'Herbisse en tira une liasse de papiers qu'il remit à Marie.

— Ma mère, s'écria la jeune fille, vous m'avez donc aimée!... Pauvre mère! morte ici en me cherchant! Oh! merci, merci, mon Dieu, ma mère m'aimait.... Elle s'est assise ici, monsieur le curé, ma mère ; elle a souffert ici ;... elle est.... morte ici en m'appelant.

Et Marie, — ce cœur de bronze qui ne tremblait pas devant la colère d'un homme, — éclata en sanglots à cette révélation.

Julien la laissa pleurer quelque temps en regardant le portrait de sa mère. Il savait que les larmes soulagent le cœur.

A cet instant le bruit lointain d'une canonnade se fit entendre.

Marie se leva, et essuyant ses larmes :

— Merci, monsieur le curé, dit-elle, vous m'avez fait deux fois heureuse, vous m'avez rendu ma mère, vous m'avez uni à Julien.... Puisse Dieu vous récompenser ! Maintenant, nous allons rejoindre nos amis.

— Moi, dit tout bas Julien, je vais me rendre digne d'elle !

Le bon curé imposa encore une fois les mains sur les deux jeunes gens inclinés devant lui et les suivit d'un œil triste jusqu'à la porte de la chaumière.

Ils sortirent tous deux se tenant par la main.

Suzette, assise dans un coin de la chambre, pleurait tout bas.

La canonnade grondait au loin. Les premières lueurs de l'aube commençaient à éclairer la chaumière.

Le prêtre se jeta à genoux devant son crucifix et pria longtemps.

Puis la figure sereine, le front calme, il gagna la porte du presbytère et chercha à voir encore une fois de loin les fiancés.

Mais tous deux avaient disparu.

CHAPITRE X

LE MAUVAIS GÉNIE

Frantz ne se trompait pas; la pièce que le hasard avait mise entre ses mains résumait toute la pensée de l'Empereur: atteindre Blücher et l'écraser lui-même; pour cela il n'y avait qu'à s'appuyer sur les deux extrémités d'une vaste ligne où venaient aboutir toutes les routes qui menaçaient la capitale. Ces deux points étaient Soissons et Reims.

Les ducs de Raguse et de Trévise tenaient encore en avant de Meaux et arrêtaient Blücher et son armée dans les environs de La Ferté-sous-Jouarre.

Napoléon, qui se dirige sur Sézanne par Fère-Champenoise, apprend cette nouvelle au château d'Esternay, entre la Ferté-Gaucher et Sézanne, où il a placé son quartier-général.

Le courrier qui lui apporte la dépêche des ducs de Raguse et de Trévise est arrivé à franc étrier. C'est un homme de haute taille, à la figure fortement caractérisée. Ses cheveux sont courts, son visage est sans barbe, il est vêtu d'une redingote à la polonaise en velours noir, fermée sur la poitrine par des brandebourgs de soie, et coiffé d'un bonnet orné de fourrure qui rappelle la coiffure des peuples du Nord. Une ceinture de cuir serre sa taille ; des bottes molles à la Souwaroff et une culotte de daim gris complètent son costume.

L'Empereur a voulu voir et interroger lui-même ce courrier.

Après l'avoir considéré quelques instants en silence, comme pour scruter le fond de sa pensée, l'Empereur lui demanda d'où il venait.

— Je viens de Lizy, Sire. Le duc de Trévise y était hier.

— Et qu'y faisait-on ?

— Le général Blücher a tenté de passer la Marne et a ordonné d'attaquer la gauche des Français ; mais, le pont de Crouy étant rompu, cet ordre n'a pu être exécuté, et le général Sacken a seulement engagé une fusillade avec le duc de Trévise. D'ailleurs, le duc de Raguse arrivait avec son infanterie, l'ennemi se hâta de passer la rivière de l'Ourcq ; mais il fut culbuté, et le duc de Raguse fit trois cents prisonniers.

— En sorte que c'est à Lizy que vous avez vu les deux maréchaux ?

— Oui, Sire.

— Et que disait-on de l'ennemi ?

— On disait, Sire, que le bruit de votre marche sur Sézanne et l'arrivée du général Paret de Morvan, venant de Paris, avaient décidé le général Blücher à la retraite.

— Ah !... à la retraite, dit Napoléon en se levant. Cela n'est pas mon affaire ... Je l'en empêcherai bien,... je sais marcher plus vite que ces buveurs de bière....

Puis s'arrêtant tout court et regardant encore en face le messager :

— Mais qui êtes-vous, vous que les deux maréchaux ont chargé de la périlleuse et difficile mission d'arriver jusqu'à moi avec cette dépêche ?

— Je suis polonais, Sire, parent du brave et

malheureux prince Poniatiowski. C'est vous dire que mon cœur est à la France... Cette dépêche, Sire, devait me servir d'introduction auprès de Votre Majesté, car les nouvelles que je vous apporte, vous les saurez bientôt d'une manière certaine en allant en avant, et elles ne pouvaient manquer de vous arriver bientôt.... Mais j'étais dévoré d'un désir ardent de mettre aux pieds de Votre Majesté mon dévouement absolu à votre personne et à la France ;... le maréchal duc de Trévise a bien voulu m'en donner l'occasion.

— Mais vous pouviez être pris, monsieur, et c'était la mort.

— Qu'importe! N'ai-je pas dit à Votre Majesté que je suis Polonais et parent du héros de l'Elster, et que par conséquent ma vie lui appartient.

L'Empereur resta quelques instants sans répondre. Il semblait réfléchir.

— Monsieur, dit-il en reprenant la parole, vous êtes d'une nation de braves et d'une noble famille..... Portez-vous le nom du malheureux prince qui est mort pour moi..... et pour la France?

— Non, Sire, mon nom est Dorlowski : je ne tiens à la famille des Poniatiowski que par alliance.

— Peu importe,.... vous pouvez nous rendre de grands services. Votre nationalité vous place en dehors de cette guerre, vous ne portez pas l'épaulette : voulez-vous vous exposer pour moi autant que le plus valeureux de mes officiers.

— Parlez, Sire ?

— Eh bien ! il faut vous rendre au congrès de Châtillon et voir Caulaincourt ; puis revenir me trouver..... où je serai,..... car je n'en sais encore rien ; .... mais je crois que d'ici à deux jours je vous déblaierai la route ; jusque-là soyez prudent.

L'Empereur prit une plume et écrivit ces deux mots sur un petit carré de papier : *C. V. ayez confiance.*

Il signa et il remit ce signe de reconnaissance à l'étranger.

— Avec cela, dit-il, Caulaincourt vous ouvrira son cœur.... Allez, monsieur :... à bientôt.

— Sire, dit le Polonais, si je ne reviens pas, c'est que je serai mort.

Il s'inclina et sortit.

L'Empereur le suivit des yeux.

Le Polonais remonta à cheval.

Comme il se mettait en selle, Marie et Julien entraient dans la cour du château d'Esternay.

— Regarde, regarde, dit la jeune fille à Julien avec effroi, c'est encore lui !

— Qui donc lui ? fit Julien, pendant que le cavalier partait au galop.

— Le mauvais génie, l'homme de Brienne, l'espion enfin.

— Tu te trompes, Marie.

— Oh ! non, je ne me trompe pas. Il est bien changé, bien déguisé ; sa barbe est coupée, ses cheveux sont ras et noircis, son costume est tout autre que celui qu'il portait il y a deux jours ; mais c'est lui, c'est toujours lui !

A cet instant le tambour battit aux champs.

L'Empereur descendait le perron du château et allait partir pour la Ferté-Gaucher.

Marie s'approcha de lui.

— Sire, dit-elle, l'homme à la polonaise qui vient de s'éloigner, l'avez-vous vu ? Le connaissez-vous ?

L'Empereur regarda Marie avec étonnement.

— Pourquoi cela, mon enfant?

— Pardon, Sire; pardon, mais vous savez que mon cœur est à vous, et mon cœur me dit que cet homme est un traître!

— Un traître! fit l'Empereur, ce n'est pas possible. C'est un parent de Poniatiowski!

— Lui! Sire! c'est un espion, voilà tout!... Vous l'avez vu à Brienne... Il était à Méry, où il a été laissé pour mort;... mais l'enfer protége cet homme.

— A Brienne, dit tout bas Napoléon comme à lui-même.... En effet cette figure, cette voix.... Mais cela n'est pas possible encore une fois. Tant d'audace!... Allons, allons, mon enfant, vous vous trompez.

Et l'Empereur, montant à cheval, fut bientôt distrait de cet incident par des pensées plus graves et plus importantes.

En effet, il fallait arriver à la Ferté-sous-Jouarre. Les chemins étaient affreux, une pluie continuelle avait transformé toutes les routes en marais fangeux. A chaque pas l'artillerie s'embourbait.

Enfin on atteignit cette ville, et on rétablit le pont qui avait été détruit par l'ennemi.

Pendant ce temps Blücher ne restait pas inactif.

L'armée de Silésie avait commencé dès le 2 mars à se retirer sur Soissons. C'était là que devait s'opérer la jonction avec les corps de Winzingerode, Bulow, et Woronzow. Cette marche avait tous les caractères d'une retraite.

L'Empereur, après avoir passé la Marne le 3 mars, lança à la poursuite de l'ennemi la division Friant, le corps du prince de la Moskowa, et la cavalerie de la garde et de la ligne, pendant que les ducs de Bellune et de Padoue partaient avec deux batteries à pied et quatre d'artillerie à cheval pour Château-Thierry. Attaquée chaudement par les deux maréchaux, l'arrière-garde ennemie aurait infailliblement été écrasée, si la cavalerie Doumerc et l'infanterie du duc de Raguse avaient pu la tourner assez tôt par sa gauche, pendant que l'artillerie légère la canonnait en front. Toutefois, près de six cents hommes et des bagages restèrent en notre pouvoir.

Le soir les Français passaient l'Ourq à la Ferté-Milon et y bivaquaient.

Le plan de l'Empereur va se réaliser. Il va donc tenir enfin cet adversaire insaisissable.

C'est au pas de course que les troupes, exaltées par la promesse d'une bataille prochaine, franchissent les quelques lieues qui les séparent des deux La Ferté.

Vain espoir, vains efforts. Un cavalier qui est passé au milieu des troupes françaises, porteur d'un mot de Napoléon a averti Blücher de la marche de l'Empereur ; et, lorsque son armée atteint enfin les collines qui dominent La Ferté-sous-Jouarre et la rive gauche de la Marne, on aperçoit sur la rive droite le général prussien qui organise sa retraite.

Tous les ponts ont été coupés. Il est impossible de les joindre.

L'Empereur, entouré de son état-major, braque sa longue-vue sur le groupe doré au milieu duquel est Blücher. Près du général ennemi se tient l'homme à la polonaise qui est venu lui offrir ses services et qui cause avec Blücher, en montrant du doigt les lignes françaises.

— La jeune fille avait raison, murmure-t-il tout bas... Cet homme est un espion, et un espion audacieux.... Mais ce n'est qu'un jour de perdu....

Et s'adressant aux généraux qui l'entourent:

— Messieurs, il faut se mettre immédiatement à l'œuvre et rétablir les passages. Nous atteindrons Blücher avant qu'il ait mis l'Aisne entre nous et lui.... Seulement nous n'attendrons pas tous que les ponts soient placés ; Raguse, Grouchy et la plus forte partie de l'armée remonteront la grande route de Paris à Châlons, jusqu'à Château-Thierry. Là, tournant à gauche, ils se dirigeront sur Fère en Tardenois et Fismes.... Je tiens Blücher et je l'enferme dans un cercle de fer qui commence à Reims et s'arrête à Soissons.... Messieurs, allez au plus vite faire exécuter mes ordres.

La position de Blücher devenait en effet des plus critiques. Tandis qu'une partie des troupes françaises se dirigeaient sur la route de Châlons, route pavée et facile à suivre, son armée s'avançait par des chemins de traverse qu'un dégel subit a transformés en une boue liquide, et où les équipages et l'artillerie enfoncent jusqu'à l'essieu. Ce n'est pas une retraite, c'est une fuite qui s'accomplit au milieu d'un désordre qui ralentit encore la marche des bataillons. Les régiments harassés se débandent, laissant à chaque pas des traînards, des bagages et des munitions : pressé sur la droite par Napoléon ; menacé sur la gauche par les deux corps de Marmont et de Trévise qui, sur les ordres de l'Empereur, viennent de reprendre l'offensive et de déboucher par Neuilly-Saint-Frond et Villers-Cotterets ; arrêté en tête par l'Aisne, dont Soissons garde le passage, toutes les issues sont fermées au général prussien.

L'Empereur le sait. Soissons, abandonnée par les généraux Woronzoff, York et Sacken, après leur jonction dans cette place, avait été occupée par le duc de Trévise, le 19 février. Forcé de se replier sur Meaux, le maréchal y a laissé une garnison suffisante sous les ordres d'un général du nom de Moreau. Soissons n'est pas fortifiée ; mais les hommes chargés de défendre la ville sont des Polonais aguerris ; l'artillerie est bien servie.

La destruction de l'armée de Blücher tout entière est certaine.

Cependant le général prussien est résolu à tenter un effort désespéré. Il ordonne à tout hasard une démonstration sur Soissons.

C'est le général Moreau qui commande la place. Ce général, qui a déjà subi à Auxerre, quelques jours auparavant, le plus humiliant échec, doit porter malheur à Napoléon. Ce nom de Moreau lui est fatal.

Les troupes ramenées de Belgique par le général Woronzoff n'étaient que l'avant-garde d'un corps plus considérable, commandé par les généraux Bulow et Winzingerode, qui suivaient à quelques marches de distance.

Ce fut devant Soissons qu'eut lieu la jonction de ces différents corps avec Blücher.

Les colonnes ennemies, démoralisées, sont prêtes à rétrograder et à se dissoudre au premier coup de canon de la place. Cependant tous les préparatifs sont faits pour canonner la ville, et l'artillerie des remparts reste muette.

L'avant-garde s'avance. Chose étrange! les

ponts-levis s'abaissent ; les Prussiens, étonnés, pénètrent dans la ville.

Le plan de l'Empereur a encore une fois échoué. Le général Moreau a consenti à rendre Soissons, sous condition de se retirer sur Villers-Cotterets avec son artillerie et ses bagages.

Blücher lui-même ne peut croire à ce retour de la fortune ; mais le général Bulow vient le recevoir.

— Général, dit Blücher, en prenant Soissons vous avez sauvé mon armée tout entière.

— Voilà celui que vous devez remercier, répond Bulow en montrant Frantz.

Racontons comment les choses s'étaient passées :

Frantz, en quittant Blücher, avec lequel Napoléon avait pu l'apercevoir des hauteurs de La Ferté, avait pris les devants dans l'espoir de rencontrer les corps qui devaient opérer leur jonction avec le général prussien, afin d'aviser, s'il était possible, à un moyen de tout sauver ou au moins de hâter une réunion qui pouvait rendre douteux le gain d'une bataille probable.

Il avait en effet trouvé les trois généraux

au moment où ils approchaient de Soissons.

Après s'être concerté avec eux :

— Là est le salut, avait-il dit en montrant Soissons.

— Il faut donc avoir Soissons, avait répondu Bulow. Canonnons la ville et prenons-la d'assaut.

— C'est bien dit; mais il y a derrière ces remparts, mal fortifiés c'est vrai, une garnison peu nombreuse, mais aguerrie ; il y a des canons et des fusils. Cette garnison peut résister, résister longtemps :... alors tout est perdu, car l'Empereur s'avance à marches forcées.

— Que faire alors ?

— Tenter de faire capituler le général Moreau.

— Mais il a à venger sa défaite d'Auxerre.

— Précisément, cette défaite et la honte qui en a rejailli sur lui doivent l'avoir démoralisé... Enfin, j'ai mon projet ; il n'expose personne, il ne vous empêchera pas de bombarder la ville dans une heure et de la brûler s'il le faut;.... mais tenez, il serait sans doute trop tard de commencer même maintenant : entendez-vous la canonnade dans le lointain ? Voilà qui vous annonce l'armée française ; c'est la musique ordinaire de Bonaparte,.... mon expédient est le seul pratiquable.

— Mais quel est-il ?

— Envoyez au général Moreau un parlementaire.

— Qui choisir ?

— Moi.

— Vous ! s'était écrié Bulow.

— Moi-même... Déployez un appareil formidable d'hommes et de canons ; dans une heure Soissons est à nous.

— Oh ! si cela a lieu, fit Bulow en prenant la main de Frantz, votre fortune est faite.

— Est-ce que je vous ai demandé une récompense ? répondit dédaigneusement l'espion.

Bulow s'excusa, embarrassé : quel motif puissant guidait donc cet homme, qui répondait si dédaigneusement à une promesse de fortune qu'on devait lui faire royale, si on proportionnait la récompense au service ? C'est que Bulow ignorait qu'il est un sentiment plus exclusif que l'ambition et la soif de l'or, une passion plus ardente que toutes les passions : la haine et le désir de la vengeance ; c'est que Bulow ignorait que l'homme qui était devant lui, et qui s'offrait à sauver toute une armée, avait un but secret qui faisait sa force : ce but, c'était de perdre Napoléon.

Un trompette se rendit au bas des remparts et annonça un parlementaire, au moment même où tous les abords de la ville étaient occupés par des corps nombreux de troupes ennemies, et qu'une démonstration formidable d'artillerie se faisait sous les yeux mêmes de la garnison de Soissons.

Le général Moreau consentit à recevoir le parlementaire.

Frantz fut conduit jusqu'au pont-levis ; on lui banda les yeux, on lui fit traverser les avant-postes et les cours du fort principal, puis on lui retira son bandeau. Il était devant le général Moreau.

— De quelle part venez-vous ? demanda le général.

— De la part, répondit Frantz, des généraux Winzingerode, Bulow, et Woronzoff, qui sont en ce moment, avec plus de vingt mille hommes de troupes et soixante pièces d'artillerie, sous les murs de la place que vous commandez.

— Je ne vous demandais pas de me dénombrer mes ennemis, je vous demandais qui vous envoyait? Voilà tout.... Maintenant que veut-on de moi ?

— Général, reprit Frantz, j'aurais pu ajouter que dans une heure le général Blücher, qui anéantit en ce moment les corps d'armée des ducs de Trévise et de Raguse, sera aussi devant Soissons ; mais la canonnade que vous entendez, comme moi d'ici, vous annonce assez ce qui se passe....

— Qui vous dit, monsieur, que cette canonnade est celle d'un ennemi victorieux ? qui vous dit que ce ne sont pas au contraire les maréchaux qui chassent devant eux Blücher ?

Frantz s'arrêta un instant, regardant le général en face ; puis il ajouta avec un triste sourire :

— Général, les trois officiers que je représente seraient-ils là à vos portes l'arme au bras, si le général Blücher courait quelque danger à deux pas d'eux ?

Moreau porta la main à son front avec désespoir, comme un homme qui se rend à l'évidence, tout en maudissant la fortune, et ne répondit pas.

Alors Frantz, s'approchant de lui, tira de sa poitrine le billet que l'Empereur lui avait remis deux jours avant.

— Général, dit-il, vous avez ici une garnison de braves; vous commandez des Polonais. Moi aussi, je suis un enfant de la Pologne, chargé il y a deux jours par l'Empereur d'une mission secrète et très importante pour le duc de Vicence, et que je dois lui remettre au congrès de Châtillon. Avant-hier, l'Empereur était à La Ferté, confiné avec une poignée de soldats harassés et manquant de tout, au milieu de chemins impraticables. Il était désespéré! Sa seule ressource est maintenant, il le sent bien, la négociation du congrès. C'est pour cela qu'il m'a chargé de m'y rendre au plus tôt.

Et comme le général le considérait avec un étonnement qui laissait percer une grande défiance:

— Voyez, général, ajouta Frantz, en

lui présentant le mot signé de l'Empereur :

— C. V., fit Moreau : que signifie ?

— Caulaincourt, Vicence, ayez confiance.

Le général laissa tomber sa tête dans ses mains et garda le silence.

Frantz le rompit bientôt en disant :

— Etranger à cette guerre, car je ne suis pas soldat et je suis depuis longtemps attaché au corps diplomatique de la Porte-Ottomane, j'éprouve cependant un vif intérêt pour la France, que tant de mes compatriotes ont glorieusement servie, tout en ayant conservé des relations anciennes avec plusieurs généraux russes et prussiens. J'ai beaucoup connu dans le temps, à Vienne, le général Bulow, que j'ai retrouvé ici en campagne. Voilà pourquoi vous me voyez remplir aujourd'hui le rôle de parlementaire, moi qui ne suis pas officier.

J'ai espéré pouvoir servir en cette circonstance une cause qui est au-dessus de toutes les querelles et de toutes les guerres, la cause de l'humanité.

— Les généraux vous ont donc chargé, monsieur, de m'inviter....

— A préserver la ville d'un assaut et à sauver sa garnison.

— Et les conditions ?

— Si je suis ici, général, c'est que celles que je suis chargé de vous proposer sont dignes d'un soldat.... Vous pourrez vous retirer où bon vous semblera de l'autre côté de l'Aisne, avec votre artillerie et vos bagages.... Est-ce assez, général ?

— Assurément cette capitulation est honorable, mais c'est une capitulation, et l'Empereur....

— L'Empereur ! interrompit Frantz douloureusement, Dieu veuille, général, que le congrès de Châtillon ne lui impose pas des conditions plus dures que celles-là !.... Au reste, je vous le répète, je ne suis pas militaire, je juge tout ceci en honnête homme : voilà tout ; et votre appréciation reste tout à fait libre.... Seulement si vous refusez, général, je regretterai toute ma vie de n'avoir pu réussir à sauver votre vie et celle des braves compatriotes que vous commandez ; car votre refus....

— C'est la mort pour eux, je le sais.

Se levant alors brusquement et prenant la main de Frantz :

— Oui, monsieur, dit Moreau, vous avez raison, je n'ai pas le droit de faire tuer ces gens-là inutilement : c'est une fatalité ! enfin,... veuillez dire au général Bulow que j'accepte les bases de la négociation que vous m'avez proposée de sa part. La garnison se retirera avec moi sur Villers-Cotterets. Elle quittera la ville l'arme au bras avec l'artillerie et les bagages.

— Cela est convenu.

— Je vais communiquer les offres qui me sont faites au conseil de défense, et, s'il n'a rien à objecter, dans une heure nous quitterons Soissons.... Quant à vous, monsieur, permettez-moi de vous remercier du rôle généreux que vous avez bien voulu accepter. Grâce à votre démarche, il n'y aura pas de sang répandu inutilement.

Et le général serra la main de Frantz. La main loyale d'un brave, qu'une ruse infernale vouait à l'infamie, ne tressaillit pas au contact de celle de l'espion, qui alla, triomphant, rendre compte aux généraux ennemis du succès de sa mission.

Une heure après, la garnison de Soissons évacuait la ville, ainsi qu'il avait été convenu, avec armes et bagages.

La capitulation de Soissons rouvrait à Blücher le passage de l'Aisne.

Sa position changeait tout d'un coup. Ce n'était plus le général fugitif forcé de combattre, ayant devant lui une ville ennemie prête à l'écraser de ses boulets, derrière les corps des ducs de Raguse et de Trévise, sur son flanc gauche les forces de l'Empereur prêtes à le déborder ; il était désormais, par sa jonction avec l'armée du Nord, à même de reprendre l'offensive et de tenir tête à son redoutable antagoniste. Couvert par l'Aisne, dont les passages étaient gardés, il appuyait sa droite à Fontenay et étendait sa gauche par-delà Craone.

L'Empereur apprit à Fisme la capitulation de Soissons.

— Oh ! ce nom de Moreau ! dit-il, j'aurais dû croire à mes pressentiments.

Et il dicta le bulletin suivant :

« L'armée ennemie se croyait perdue quand elle apprit que le pont de Soissons lui appartenait et n'avait même pas été coupé. Par une lâcheté qu'on ne saurait définir, le général qui commandait à Soissons a abandonné la place en vertu d'une capitulation soi-disant honorable. Il est traduit, ainsi que les membres du conseil de défense, à une commission d'enquête. Ces officiers étaient d'autant plus coupables, que, pendant toute la journée du 2 et du 3 mars, on avait entendu de la ville la canonnade de l'armée française, qui se rapprochait de l'armée. »

La capitulation de Paris et la révolution du 31 mars devaient sauver la tête du général Moreau et des officiers déférés au conseil d'enquête : mais suffirent-elles à sauver leur honneur ?

CHAPITRE XI

LA BATAILLE DE DEUX JOURS

Blücher allait atteindre Laon. Il venait de rétrograder, dans la direction de la Belgique, de plus de vingt-cinq lieues, et il aurait sans doute fui plus loin encore, si un de ces hasards qui se sont reproduits plusieurs fois dans le cours de cette guerre de quelques semaines ne l'avait jeté sur de nouvelles forces faisant partie de l'armée de Bernadotte, et qui vinrent augmenter l'effectif de ses troupes.

Le général prussien se trouvait encore une fois à la tête de plus de 100,000 hommes.

Fort de son importance numérique, Blücher se décida enfin à tenter les chances d'un combat, et choisit pour centre de ses opérations le petit plateau de Craone.

Malgré l'immense supériorité du nombre, Napoléon n'hésita pas à attaquer les Prussiens dans leur nouvelle position.

Il y avait trop longtemps qu'il appelait la bataille ; il la tenait, il ne voulait pas la laisser échapper.

Après avoir pris ses dispositions, il charge le capitaine d'ordonnance Caraman de pousser une reconnaissance dans la direction de Craone, avec un bataillon de vieille garde ; mais le capitaine et le bataillon sont accueillis si chaudement, que l'Empereur est obligé de les faire appuyer par une brigade, pendant que le prince de la Moskowa opère une diversion sur la droite à travers le bois de Corbeny.

Tous les efforts se concentrent alors sur la ferme d'Heurtebise, qui est prise et perdue alternativement par la division Meunier et une brigade russe, et reste enfin, à sept heures du soir, au pouvoir des Russes.

La nuit est venue. L'Empereur fait cesser le combat. La première journée de Craone est terminée. La vieille garde retourne dans ses bivacs en avant de Corbeny, la division Meunier s'établit entre Heurtebise et Vaucler, et la division Boyer au moulin de Boncouville, à droite du chemin de la ferme de la Bove.

Napoléon passe la nuit à parcourir les campements. C'est son habitude, la veille de toutes les affaires qui doivent être décisives.

Dans sa tournée, qu'il fait sans bruit et presque sans escorte, il arrive à un bivac composé presque entièrement de jeunes recrues attachées, comme *Marie-Louise*, aux divers régiments de l'armée.

Ces enfants, — car la plupart ne sont pas même encore des jeunes gens, — sont couchés sur la terre, épuisés de fatigue, glacés de froid, malgré les feux qui ont été allumés.

A l'apparition de l'Empereur, aucun d'eux ne se lève, si ce n'est un vieux sergent de la vieille garde et un Marie-Louise plus âgé que ses camarades, et qui partage avec le vétéran un manteau emprunté à un cavalier russe.

Napoléon promène un regard triste sur ces enfants, et reste quelque temps silencieux ; puis s'adressant au sergent qu'il a reconnu, et dans lequel nos lecteurs ont sans doute reconnu comme lui le sergent Chaudoreille :

— Il n'y a donc pas de paille pour eux ? dit-il en montrant les Marie-Louise étendus à terre.

— Non, Sire ; les Russes ont tout gardé, à ce qu'il paraît.

— Il ne fallait pas la leur laisser, reprend brusquement l'Empereur.

— C'est juste ; comme on fait son lit on se couche, murmure entre ses dents un tambour âgé de quinze ans au plus ; mais ce n'est pas notre faute si nous ne sommes pas établis sur les fourrages de la ferme d'Heurtebise... Ce n'est pas la bonne volonté qui a manqué, toujours.

Napoléon s'avance vers l'enfant et le prenant par l'oreille :

— Comment t'appelles-tu ?

— Rataplan, mon Empereur, fait l'enfant en se levant.

— Est-ce que tu étais à l'attaque de la ferme ?

— Un peu, mon Empereur.... Tenez, ces gredins-là m'y ont démoli ma caisse.

Et l'enfant montre son tambour, qui en effet a été percé de plusieurs balles ; puis il ajoute :

— C'est vexant : sur quoi battrai-je la charge demain ?

— Demain, tu auras une caisse d'honneur.... et tâche qu'on ne te crève pas celle-là.

Se tournant alors vers Julien, toujours placé près de Chaudoreille :

— Et vous, monsieur le déserteur, vous êtes donc toujours avec les conscrits de l'Impératrice ?

— Sire ! j'étais ce matin avec le capitaine Caraman et la vieille garde ; le capitaine vous dira que les conscrits de l'Impératrice ne boudent pas plus au feu que les grognards.

L'Empereur, qui s'est rapproché du jeune homme, s'aperçoit que la croix qu'il porte sur sa poitrine a été brisée :

— Est-ce que tu t'es laissé prendre un morceau de ta croix, dit-il.

— Non, Sire ; voilà le morceau qui manque, dit Julien en le tirant de sa poche, c'est un cavalier russe qui me l'a fendue d'un coup de sabre.... celui-là ne fera plus de mal à personne.

— C'est bien..., à compter d'aujourd'hui tu fais partie de la jeune garde.

Et l'Empereur quitte le bivac des Marie-Louise.

Le lendemain 7 mars, à peine le soleil est-il levé que l'Empereur reconnaît lui-même la position de l'ennemi.

La droite et la gauche des alliés sont appuyées sur deux ravins, le front masqué par un troisième.

Trois lignes formidables d'infanterie sont massées en colonnes serrées ; c'est l'infanterie de Winzingerode. Le corps de Sacken est posté entre Bray et l'Ange-Gardien ; ceux de Langeron, Kleist, et York, se tiennent entre la Cette et le chemin de Bruyères, prêtes à appuyer le mouvement de dix mille chevaux et de soixante pièces d'artillerie légère, à envahir la droite des Français du côté de Corbeny et à tomber sur leurs derrières.

Enfin le corps de Bulow est en marche sur Laon pour y prendre position et assurer une retraite au feld-maréchal en cas de revers.

Cent mille hommes de troupes sont à la disposition du général Blücher.

Napoléon en compte à peine trente-cinq mille,

dont les deux tiers sont des soldats de nouvelles levées, sans instruction, épuisés de fatigue.

Qu'importe ! l'Empereur veut encore une fois tenter la fortune.

C'est sur le comte Woronzoff et l'infanterie de Winzingerode que vont se porter les premiers efforts. Protégés par trente-six pièces de canon sur le front et par une batterie de douze sur chacun des ravins de Vaucler et de l'Ouche, seuls débouchés praticables, les deux généraux ennemis occupent une position que tout autre que Napoléon considérerait comme imprenable.

Le prince de la Moskowa, réunissant à son corps d'armée l'infanterie du duc de Bellune et les dragons du général Roussel, est chargé d'enlever cette position sur la droite, tandis que la brigade du général de division Boyer côtoie la lisière d'un bois placé au-dessous du ravin et se présente devant les alliés. En même temps, les divisions Meunier et Curial se portent par la clairière sur le plateau à gauche en avant du village.

Ce triple mouvement s'exécute avec une rapidité et un ensemble féeriques.

Déjà les colonnes françaises sont sur le point de couronner le plateau, lorsque le feu de toutes les batteries ennemies éclate tout à coup, soutenu par la mousqueterie de la ligne entière.

Un moment d'hésitation se fait sentir parmi les assaillants ; mais la jeune garde débouche de l'abbaye de Vaucler avec de l'artillerie, par le défilé qui conduit à Heurtebise, et refoule l'aile gauche de Woronzow. Rien n'égale l'ardeur de ces jeunes soldats, qui s'élancent au pas de course, conduits par le maréchal duc de Bellune, jaloux de faire oublier à l'Empereur l'affaire de Montereau.

Le maréchal se tient, le sabre à la main, à la tête de la colonne qui couvre la voix d'airain de l'artillerie par les cris de : *Vive l'Empereur!* mais à l'instant où venant de franchir le ravin, malgré les 60 pièces de canon qui le défendent, il se reforme sur la hauteur sous les yeux mêmes de l'infanterie légère russe, il est frappé d'une balle et renversé de son cheval.

En le voyant tomber, plusieurs officiers russes se précipitent sur le maréchal, embarrassé dans ses étriers ; déjà un d'eux met la main sur le duc de Bellune, qui ne peut se défendre !

— A moi, mes enfants, s'écrie-t-il d'une voix défaillante : tuez-moi, mais ne me laissez pas prendre !

Le maréchal n'a pas le temps d'achever. Une détonation se fait entendre tout près de lui, une balle siffle au dessus de sa tête ; la main qui s'était posée sur lui se détend, l'officier russe tombe frappé mortellement à ses pieds.

Par un double mouvement de baïonnette, son sauveur écarte alors les autres officiers qui l'entourent ; la colonne française qui s'est arrêtée un instant a repris sa course. Le maréchal est sauvé.

— Merci, merci, mon ami ! fait-il en tendant la main au soldat qui s'est dévoué pour lui et qui l'emporte du champ de bataille.... Je te reconnais ; tu es le Marie-Louise de Montereau.... Demain je demanderai pour toi l'épaulette à l'Empereur.

Et le maréchal perd connaissance en serrant la main de Julien.

Cependant la journée s'avançait sans amener rien de décisif ; seulement les hommes tombaient pour ne plus se relever, les régiments s'éclaircissaient à vue d'œil; sur tous les points, les officiers, trop nombreux en proportion des soldats, prenaient un fusil et combattaient comme eux.

Blücher, placé sur une hauteur au milieu de son état-major, suit avec anxiété les diverses phases du combat, lorsqu'un cavalier arrive au galop jusqu'au groupe d'officiers et s'approche du général prussien, qui s'est avancé vers lui de quelques pas, de manière à pouvoir lui parler sans être entendu.

Ce cavalier, c'est encore, c'est toujours **Frantz**.

— Qu'y a-t-il ? demande le général.

— Ce que j'avais prévu arrive ; le général Charpentier, retardé à Craone par l'artillerie de la garde qu'il a dû laisser passer, s'avance avec des troupes fraîches. Dans une heure vous ne tiendrez même plus le champ de bataille.... Ah! si vous m'aviez écouté!... Mais n'importe! terminez par un engagement général et brillant; puis commandez la retraite ; la victoire échappera à Napoléon, c'est tout ce qu'il nous faut.... Ne voyez-vous pas que cette poursuite continuelle sans résultats est plus fatale pour lui qu'une défaite ?

Blücher ne répond pas ; mais il se rapproche de ses aides-de-camp et leur donne des ordres pendant que Frantz s'éloigne de toute la vitesse de son cheval. Le général sait à peine le nom de cet homme extraordinaire qui lui donne des conseils ; mais il y a dans son regard, dans sa voix, dans toute sa personne, une telle autorité, la haine se trahit si profonde et si terrible dans toutes ses paroles, il est si ouvertement, si mortellement l'ennemi de Napoléon, que le général cède malgré lui à son avis. D'ailleurs c'est le sauveur de Soissons, et l'amour-propre du général, si désireux qu'il soit de battre l'Empereur, cède devant ce souvenir.

Les corps de Sacken et de Woronzoff, qui sont seuls aux prises avec les Français, reçoivent l'ordre de se replier au plus vite. Sacken se retirera sur la route de Laon, pendant que la cavalerie couvrira la retraite de Woronzoff.

Ce mouvement inattendu jette quelque désordre au milieu des lignes ennemies. L'Empereur veut en profiter.

Mais la nuit est venue, et ce ne sont plus maintenant que des poursuites sans but d'ensemble; la bataille de Craone est terminée.

Les Français sont restés maîtres du champ de bataille, et les Russes ne revendiquent pas moins pour eux l'honneur de la victoire.

Ainsi, cet engagement sanglant, mais partiel, reste sans résultat; ce champ de bataille couvert de cadavres n'est pas un trophée; c'est une victoire inutile, un pas en arrière pour nous; une défaite précieuse, un pas en avant pour les Russes.

A la nuit tombante, l'armée bivaqua entre Filain et Ostel; les avant-postes s'étendaient jusqu'à l'Ange-Gardien et à Aisy, entre la Lette et l'Aisne, et de Pagny à Celle.

L'Empereur voyait son armée chaque jour diminuer, s'appauvrir, et se consumer en stériles efforts. Il songea à réparer les brèches qui lui étaient faites, à combler les vides de ses bataillons.

Le soir même il écrivit à son frère Joseph une lettre dans ce sens: « La vieille garde seule se soutient, disait-il, le reste fond comme la neige. »

C'est que le reste, comme le disait l'Empereur, se composait de troupes novices, au feu comme à la fatigue, et qui pouvaient bien trouver pour la bataille cet héroïsme qui est dans le sang français, mais n'avaient pas encore contracté l'habitude de ces marches forcées qui se succédaient sans interruption, sans repos, sans nourriture, précédant et suivant le combat, et pour lesquelles il fallait le corps de fer de ces hommes de fer que Napoléon traînait depuis quatorze ans à sa suite en Italie, en Allemagne, dans toutes les capitales et dans tous les royaumes de l'Europe, par l'ardeur du soleil, par le froid le plus rigoureux, et qui ne tombaient que lorsqu'un boulet venait enfin les arrêter dans leur course prodigieuse.

De ces armées formidables que la campagne de Russie a tant décimées déjà, il ne reste plus que bien peu de soldats, et les premiers combats de la campagne de France ont suffi à laisser sur la terre le plus grand nombre des recrues que les décrets de l'Empereur ont appelées sous les drapeaux.

Mais le prestige du nom de Napoléon n'a

encore rien perdu. Le bruit seul de ses pas suffit encore à faire trembler les bataillons et les généraux ennemis. Encore trois combats comme Vauxchamps, Champ-Aubert et Montmirail, et tout peut être sauvé.

Aussi l'Empereur ne perd pas un instant.

Le général Woronzoff, après une halte de quatre heures à Chavignon, a rallié la garnison de Soissons, et s'est retiré sous Laon, où il a trouvé le maréchal Blücher, qui s'occupe de prendre ses dispositions pour une seconde bataille.

A quatre heures du matin, le 9, l'Empereur mettait ses bottes et demandait des chevaux, quand deux dragons se présentent au quartier-général, les habits en désordre, épuisés par une course faite à bride abattue, et demandant à parler à Napoléon. Ils lui apprennent que, dans la nuit, le corps du maréchal Marmont a été surpris et dispersé, laissant aux mains des alliés deux mille cinq cents à trois mille prisonniers et quarante pièces de canon.

Le visage de l'Empereur ne change pas. L'homme de marbre reste de marbre contre ce nouveau coup de fortune ; il modifie en un instant quelques parties de son plan et monte à cheval.

— Allons! s'écrie-t-il, c'est ma destinée qu'il faut battre à Laon.

Sa destinée n'est pas encore là. C'est plus loin qu'elle doit s'accomplir.

CHAPITRE XII

APPEL A L'INSURRECTION NATIONALE

Si les relations authentiques n'étaient là pour attester cette suprême audace, ces héroïques imprudences de l'Empereur aux derniers jours de la campagne, nous, les enfants de ces hommes qui combattirent, il y a moins d'un demi-siècle, dans ces plaines voisines de nous, nous ne voudrions pas croire à ces récits.

Nous passerons rapidement sur les engagements successifs dans lesquels, comme toujours, le courage suppléa au nombre, mais qui durent se terminer par la retraite sur Soissons.

Le 11 mars, l'armée française se trouva réunie à Soissons; la première chose dont l'Empereur s'occupa fut de réorganiser son armée. Les régiments de jeune garde du prince de la Moskowa et du duc de Bellune, ainsi que la brigade du général Foret, ne formèrent plus que deux divisions. On reçut de Paris des renforts, parmi lesquels 1,700 cavaliers montés, des lanciers polonais, 1,000 nouvelles recrues, et le régiment de la Vistule, ancienne garnison de Soissons.

La halte de l'Empereur ne devait pas être longue. Le commandement de Soissons est confié au chef-de-bataillon Gérard, qui ne rendra pas la ville, celui-là, et les troupes de jeune garde qui ont le plus besoin de repos occuperont là un poste honorable et important.

Pendant ce temps, Napoléon marche vers Reims, fortement menacée par le comte de Saint-Priest, arrivé de Vitry par les Ardennes et renforcé d'une brigade prussienne rappelée du blocus d'Erfurt.

Le comte de Saint-Priest, officier français passé à l'ennemi, a appris par un étranger la défaite du duc de Raguse. Cet étranger, qui a su gagner sa confiance et qui lui a offert de le suivre jusqu'à Reims, s'est présenté à lui accrédité par une lettre de Blücher. « Ayez toute confiance, a écrit le général, dans la personne qui vous remettra cette lettre et suivez ses avis comme les miens. »

L'homme qui a la confiance du général prussien, c'est toujours le même cavalier à la polonaise qu'on laisse passer partout, car il a des laissez-passer pour les troupes françaises comme pour les troupes russes et prussiennes.

L'Empereur, que les cent mille hommes de Blücher n'avaient pas osé suivre, séjourne à Reims qu'il a reprise, passant ses troupes en revue et leur donnant un repos qui est devenu indispensable, car il va falloir supporter de nouvelles fatigues.

Là, il apprend bientôt que Schwartzemberg, qui n'avait plus pour adversaires que les maréchaux Macdonald et Oudinot, a reformé ses masses entre Langres et Bar-sur-Aube, est revenu sur Troyes, et s'avance sur Paris par la vallée de la Seine. Son avant-garde est à Provins, à deux jours seulement de la capitale de l'Empire.

Trop éloigné pour songer à se placer entre Schwartzemberg et Paris, l'Empereur se décide à se jeter sur ses derrières pour le forcer à se retourner contre lui et à suspendre sa marche.

Le 17 mars au matin, il quitte Reims, arrie à Epernay, où il apprend la reddition et le mouvement royaliste de Bordeaux. Bordeaux a eu aussi ses cocardes blanches et sa manifestation; cette manifestation a une tout autre portée que celle de Troyes.

L'Empereur donne ses ordres en courant; le temps lui manque pour s'occuper du drapeau blanc, il a à défendre son drapeau tricolore; continuant sa marche sur l'Aube, il arrive à Fère-Champenoise, y passe une nuit, franchit l'Aube, arrive à Plancy, traverse la Seine à Méry-sur-Seine, s'arrête une seconde fois sur la grande route de Paris à Troyes, au petit hameau de Châtres, où il s'empare de tout un équipage de pont, d'une grande quantité de bagages, et fait prisonnier un détachement tout entier qui rétrogradait sur la Haute-Seine.

Napoléon interroge les prisonniers. Il demande où est Schwartzemberg, qu'il croit à quelques lieues de Paris? On lui répond que le généralissime se retire en toute hâte avec son armée et va reporter son quartier général à Troyes.

L'Empereur en croit à peine ses oreilles. L'ennemi, qu'il supposait devant, est derrière lui; Paris ne court aucun danger.

Bientôt il connaît la cause de cette contre-marche précipitée.

— Allons! dit-il en se frottant les mains, ils ont encore peur de Napoléon.

En effet, en apprenant la prise de Reims et la mort du général Saint-Priest, le généralissime avait immédiatement arrêté son avant-garde. La nouvelle de la marche de l'Empereur sur Epernay lui arrive bientôt; déjà il lui semble entendre les pas du grand capitaine devant lequel Blücher et lui n'ont cessé de fuir depuis le commencement de la campagne.

Le généralissime donne encore une fois l'ordre de la retraite, et une panique générale envahit l'armée.

La pensée d'une marche de Napoléon sur les derrières de Schwartzemberg, la supposition de manœuvres ayant pour but et pour résultat de couper les communications avec le Rhin, ont jeté la terreur dans tous les rangs des coalisés.

C'est au moment où la foudre va le frapper

qu'il apparaît, à tous ces hommes, plus effrayant et plus terrible que jamais.

L'Empereur d'Autriche, qui croit voir son gendre maître de tous les passages des Vosges et de la Haute-Saône, s'enfuit jusqu'à Dijon. L'empereur de Russie et le roi de Prusse quittent Troyes, s'arrêtent à quelques lieues de la ville, et font enlever tous les ponts jetés sur le passage de l'armée, si bien que l'équipage d'un de ces ponts tombe aux mains des Français.

« Ma tête en blanchira! » s'écrie le czar, et il donne l'ordre au prince de Schwartzemberg d'envoyer un courrier à Châtillon portant l'ordre aux plénipotentiaires d'accepter toutes les propositions du duc de Vicence, et de signer le traité de paix tel qu'il le demandait.

Malheureusement les événements marchaient vite, car ils marchaient avec Napoléon.

Que de reproches les tacticiens n'ont-ils pas adressés à l'Empereur, depuis que l'Empereur est tombé, sur telle manœuvre qui ne fut pas couronnée de succès. Rien n'est plus facile que de critiquer et de condamner; mais il faudrait, pour être juste et surtout pour être sage, se mettre un instant à la place du général qui, ayant à combattre des masses formidables, ne peut compter, pour les surprendre et pour les battre, que sur des expédients qui ressemblaient à des coups de tête.

Dans les derniers jours de la campagne de France, nous allons sans cesse trouver Napoléon marchant avec l'audace; n'oublions pas, comme ses détracteurs, que l'audace avait été une partie de son génie, et qu'elle ne lui avait fait défaut ni devant Saint-Roch, ni en Italie, ni au 18 brumaire, ni dans les derniers temps sur les champs de bataille de la Champagne. Ne nous étonnons donc pas que, dans cette guerre héroïque, le général, devenu empereur, compte plus sur lui-même que sur les règles stratégiques; son plan est tout entier dans ces mots prononcés par lui à Montereau, où il redevient artilleur, et où il dit tout bas : Allons, Bonaparte, sauve Napoléon !

Aussi, quand il s'aperçoit à Châtres que les masses étrangères tremblent toujours « *au seul bruit de ses pas,* » il n'hésite pas un instant à profiter de cet effroi. Trop faible pour attaquer de front, il fait volte-face; au lieu de poursuivre les alliés sur Paris, il poursuivra leur retraite, et se reportera par sa gauche sur Chaumont et Langres.

Il est probable que, s'il eût immédiatement ouvert sa négociation, la paix eût été conclue en quelques heures, comme après les grandes batailles des campagnes précédentes. Mais l'audace le poussait en avant.

Le 20, dans la nuit, il part de Châtres, franchit encore une fois les ponts de Méry-sur-Seine et de Plancy, et, quittant le chemin d'Epernay, remonte la rive droite de l'Aube.

A midi l'armée française est à la hauteur d'Arcis.

Arcis, ancienne et jolie petite ville, est défendue par un château établi sur un monticule qui domine l'Aube. De vertes prairies plantées d'arbres, mais dont la guerre a changé l'aspect, avoisinent la ville; depuis trois mois Arcis est pour ainsi dire le point autour duquel ont tourné 300,000 combattants.

Le nom d'Arcis est désormais célèbre, car c'est là que Napoléon va livrer la dernière bataille de la campagne.

Mais revenons un peu sur nos pas et voyons quel plan avait décidé l'Empereur à remonter ainsi à la suite de l'armée ennemie, au lieu de garder les avenues de la capitale. C'est que le contre-coup des affaires de Montereau, de Soissons, de Reims, s'était fait ressentir jusqu'au delà de la Lorraine et de l'Alsace, et qu'il venait d'apprendre que les habitants des Vosges s'étaient soulevés et avaient fait éprouver aux Autrichiens des pertes énormes. Dans la Meuse, près de Bar-sur-Ornain, les habitants de plusieurs villages, réunis en partisans, avaient dispersé un régiment, tué un général russe; les garnisons de Verdun et de Metz faisaient des sorties continuelles; enfin, toutes les populations de la rive gauche du Rhin se montraient disposées à seconder les efforts des troupes impériales.

Reconnaissant l'impuissance de son système de défense régulière, Napoléon s'était enfin décidé à recourir au moyen de résistance le plus énergique et le plus sûr pour les empires envahis, à la levée en masse, à l'insurrection nationale.

Le 5 mars, cinq mois après l'entrée de Wellington sur le territoire français, plus de deux mois après l'invasion de la Lorraine, quinze jours avant la bataille d'Arcis, il signait à Fismes un double décret impérial qui proclamait une guerre d'extermination et faisait un devoir, à tous les citoyens, de l'insurrection contre les autorités qui tenteraient d'y mettre un terme.

Les principales dispositions de ces deux décrets sont trop notables pour que nous ne les citions pas textuellement :

On lisait dans le premier :

« Napoléon, considérant que les généraux ennemis ont déclaré qu'ils fusilleraient tous les paysans qui prendraient les armes, décrète :

» 1° Non seulement tous les citoyens français sont autorisés à courir aux armes, mais requis de faire sonner le tocsin aussitôt qu'ils entendront le canon de nos troupes s'approcher, de se rassembler, de fouiller les bois, de couper les ponts, d'intercepter les routes et de tomber sur les flancs et les derrières de l'ennemi.

» 2° Tout citoyen français pris par l'ennemi, et qui serait mis à mort, sera sur le champ vengé par la mort en représailles, d'un prisonnier ennemi, etc., etc. »

Dans le second :

» Napoléon, considérant que les peuples des villes et des campagnes, indignés des horreurs que commettent sur eux les ennemis, et spécialement les Russes et les Cosaques, courent aux armes par un juste sentiment de l'honneur national, pour arrêter les partis de l'ennemi, enlever ses convois et lui faire le plus de mal possible, mais que dans plusieurs lieux ils en ont été détournés par le maire ou par d'autres magistrats décrète :

» Tous les maires, fonctionnaires publics ou habitants qui, au lieu d'exciter l'élan patriotique du peuple, le refroidissent en dissuadant les citoyens d'une légitime défense, seront considérés comme traîtres et traités comme tels. »

Nous l'avons dit, ces décrets précédaient de quinze jours la bataille d'Arcis.

Deux mois auparavant, un pareil appel aurait arrêté les ennemis à la frontière, et sans doute les alliés n'eussent pas osé franchir le Rhin, si, au lieu de rencontrer pour uniques adversaires Napoléon et son armée épuisée, ils eussent trouvé la nation tout entière debout et armée pour son indépendance. Mais le 5 mars il était bien tard pour en appeler à l'énergie et au patriotisme des masses ; il était bien tard surtout pour menacer, — car c'était là le but principal des décrets.

Au mois de mars, lorsque deux fois déjà les coalisés s'étaient approchés de Paris, alors que Troyes avait eu son équipée royaliste, que Bordeaux venait d'arborer le drapeau blanc, le plus grand nombre demeurait incertain, quelques-uns se souvenaient et espéraient.

Quoi qu'il en soit, à mesure que Napoléon approchait de la Lorraine, les populations se soulevaient, des corps de partisans s'organisaient ; partout le mouvement se disciplinait et se généralisait. Ce nouveau système de défense devait placer entre l'Allemagne et les armées alliées l'épaisseur de quinze départements en insurrection régularisée. Cette insurrection, soutenue par Napoléon en personne, qui pouvait jeter en quelques jours sur les derrières et sur les flancs de l'ennemi plus d'un demi-million d'hommes armés, et par les garnisons des places fortes de l'Est, c'était la perte assurée, complète, impitoyable des armées étrangères. Enfermées dans un réseau de fer, elles devaient y mourir par la faim, le fer et le feu.

Les décrets de Fismes, c'était plus que le cri sublime de la Convention : *La patrie est en danger !* c'était le cri de salut, de détresse ; c'était l'appel au patriotisme de tout citoyen, au cœur de tout Français ; les décrets de Fismes, c'était Némésis sanglante, à l'œil en feu, à la bouche écumante, la main armée, d'un fer encore humide ; les décrets de Fismes, c'était la tombe ouverte pour tout étranger se trouvant le 5 mars sur le territoire français.

Napoléon le savait, et la retraite inattendue de l'ennemi avait dépassé ses espérances. Dans une pareille situation, les alliés ne pouvaient s'aventurer sur Paris ; ils devaient forcément se diriger sur la Belgique, ou tenter de rétablir leurs communications avec le Rhin. La retraite en Belgique rendait libre la plus grande partie du territoire ; un retour offensif sur la Meuse trouvait l'Empereur plus fort de toutes ses ressources nouvelles.

Tels étaient les projets que l'Empereur songeait à mettre à exécution, lorsque, par une fatalité inouïe, il heurta dans sa marche les masses de Schwartzemberg près d'Arcis.

L'Aube sépare Arcis de la route que suivaient les troupes impériales sur la rive droite. Cette route est coupée en face d'Arcis par le grand chemin qui, traversant la ville et son pont, conduit de Troyes à Châlons. Arrivée au point d'intersection, l'avant-garde de l'Empereur aperçut de l'autre côté de la rivière, dans la direction de Troyes, un corps assez considérable de troupes qui semblaient hâter leur marche pour arriver à Arcis.

Informé par le prince de la Moskowa et par le comte Sébastiani que le prince de Schwartzemberg n'est pas à plus de cinq myriamètres d'Arcis avec la majeure partie de son armée, Napoléon refuse de croire à cette nouvelle.

— Ils n'avancent pas, dit-il, ils fuient ; ils ne me poursuivent pas, je les poursuis.

— Sire, lui dit enfin le comte Sébastiani, impatienté, j'ai l'honneur d'affirmer à Votre Majesté que l'ennemi marche sur Arcis en colonnes d'attaque.

L'Empereur sourit ; mais bientôt il peut voir

par lui-même que le comte Sébastiani a dit vrai. D'après les ordres du généralissime, le prince royal de Wurtemberg marche sur deux colonnes vers Plancy : la première, sur la route de Troyes à Plancy ; la deuxième, sur la route d'Arcis.

Voici l'explication de ce nouvel incident.

Schwartzemberg revenu à Troyes, les alliés avaient tenu conseil. Le prince de Schwartzemberg et le roi de Prusse étaient d'avis d'éloigner le quartier général et de le reporter au delà de la Seine et de l'Aube ; l'Empereur de Russie voulait l'union de toutes les forces de la coalition et la marche sur Paris à la tête de masses assez compactes pour écraser de leur seul poids les troupes qui pourraient les arrêter. Toute opération d'attaque devait être ajournée jusqu'à cette concentration. Cette opinion prévalut. Blücher reçut l'ordre de concentrer toutes ses colonnes à Châlons ; et Schwartzemberg, à la tête de toutes ses forces, se dirigea lui-même vers cette ville. La route qui devait l'y conduire traversait Arcis, et c'étaient ses têtes de colonnes qui se présentaient par la rive gauche de l'Aube, quand Napoléon, convaincu que le quartier général des souverains s'était replié à vingt lieues de là, remontait la rive droite.

Chose singulière ! un inconnu sans épaulettes, sans décorations, sans crachats, à la figure sombre, aux traits sinistres, à l'œil profond et phosphorescent, un homme dont les souverains alliés savent à peine le nom, mais que chacun d'eux connaît, que leurs généraux connaissent pour l'avoir vu apparaître partout, apportant une nouvelle importante, ou donnant un conseil sage, a pesé de tout le poids d'un diplomate sur la décision prise par les souverains. C'est lui qui a suggéré au czar le nouveau plan de campagne, en lui faisant connaître le nouveau plan de Napoléon, exposé tout au long dans une dépêche qu'il a trouvé moyen d'intercepter.

Cet homme, c'est encore Frantz.

Quand il a su le résultat du conseil, il est remonté à cheval et il est parti ; mais nous le retrouverons.

Telles sont les causes de la rencontre inattendue de Napoléon et de Schwartzemberg sous les murs d'Arcis.

Cette rencontre devait être une des plus rudes batailles auxquelles eût jamais assisté le général Bonaparte ou l'empereur Napoléon.

La fatalité a amené là l'ennemi. Napoléon ne reculera pas. Il combattra les masses énormes qui s'avancent contre lui.

L'engagement commence par une division de Bavarois contre Arcis, suivie vers deux heures d'une charge des cosaques du général Kaisarow, qui, se voyant supérieurs en nombre, s'élancent contre la cavalerie française, renversent la division Colbert, placée en première ligne, ébranlent celle du général Excelmans, exposée au feu d'une batterie de soixante pièces et aux efforts d'un ennemi huit fois plus nombreux ; les régiments engagés commencent à plier et à lâcher pied.

Mais le mouvement rétrograde s'arrêta tout à coup. L'Empereur, qui a tout vu de loin, a traversé la ville et le pont au galop, et, mettant l'épée à la main, s'est jeté au devant des fuyards qui se précipitaient sur les ponts :

— Voyons, dit-il, qui de vous osera passer avant moi !

Chacun reste à son poste : l'Empereur y est bien !

Au centre, la brigade des chasseurs à pied de la vieille garde, commandée par le général Pelet, traverse la ville sous une grêle de boulets, se déploie en avant, et par son sang-froid et sa martiale prestance impose à l'ennemi, qui n'ose l'attaquer.

A la gauche, le prince de la Moskowa défend Torcy, qui est en flammes comme Arcis, et la cavalerie déployée dans la plaine entre les routes de Plancy et de Troyes tient ferme toute la journée.

On peut dire qu'à Arcis ce fut la présence de l'Empereur qui sauva tout. A Montereau, il avait pointé lui-même les canons de sa garde : ici, l'épée à la main, il lutte de sa personne ; enveloppé à diverses reprises, il ne doit son salut qu'à ses propres efforts et au dévouement des officiers placés près de lui. Enfin, quand la garde arrive et forme ses lignes sous le feu meurtrier de l'ennemi, un obus vient tomber à quelques pas de l'Empereur et roule le long d'un des carrés. Une sorte d'oscillation se fait sentir au milieu de ces hommes d'élite ; l'instinct de la conservation fait reculer les hommes des lignes les plus proches. Napoléon s'en aperçoit, lance son cheval sur l'obus, et demande froidement d'où vient, chez des soldats éprouvés, cette hésitation inaccoutumée ? L'obus éclate alors, un nuage de fumée entoure l'Empereur. Va-t-il disparaître comme Romulus ? Un long cri d'épouvante passe dans les rangs, et le nuage se dissipe ; Napoléon est toujours debout, calme, impassible. Il s'élance sur un autre cheval, car celui qu'il montait est déchiré en lambeaux, et il court se placer sous le feu de nouvelles batteries.

Est-ce la mort qu'il cherche ? C'est en vain. Ce n'est pas là qu'il doit mourir.

Cependant les alliés ont formé un immense demi-cercle, qui, en se resserrant par degré, finit par enfermer l'armée française dans Arcis. Repoussés dans les faubourgs, nos soldats crénèlent les maisons, et malgré les bombes, les obus et l'incendie qui éclatent partout, parviennent à se maintenir jusqu'à la nuit. Napoléon en profite pour faire établir un second pont ; et le lendemain, pendant que la lutte recommence à l'entrée des faubourgs, l'armée se retire en ordre et sans être inquiétée.

Les routes qui conduisent à Paris sont libres désormais, car c'est vers la Haute-Meuse et la Lorraine que se porte Napoléon.

Il croit aux décrets de Fismes, il croit à l'insurrection nationale.

Hélas ! il est trop tard, et la trahison a déjà fait trop de chemin pour qu'il puisse l'arrêter.

CHAPITRE XIII

LA GÉNÉRALE DES MARIE-LOUISE

Dans cette glorieuse et sanglante bataille d'Arcis, où trente-cinq mille hommes au plus avaient combattu contre plus de soixante mille, chaque corps, chaque soldat avait fait héroïquement son devoir ; la jeune garde, formée comme la vieille garde en carré, avait résisté au feu et à la cavalerie de l'ennemi, et on avait pu voir, au milieu de tous ces braves, un jeune sous-lieutenant animer par son exemple les soldats placés sous ses ordres.

Au centre du carré, une femme, placée près des officiers supérieurs et des chirurgiens, prodiguait des soins aux blessés, sans paraître s'apercevoir du danger qu'elle courait elle-même.

Ce sous-lieutenant de la jeune garde, c'était Julien ; cette femme, c'était Marie.

La bravoure de l'un, le dévouement de l'autre, ne s'étaient pas un instant démentis.

Un peu plus loin, dans les rangs de la vieille garde, un vieux sergent faisait des prodiges de valeur dans le carré formé par le prince de la Moskowa lui-même.

Le père et le fils, Marie et Julien, maintenant époux devant Dieu, se trouvaient réunis à la même heure et dans le même lieu sous la main de la mort ; mais aucun d'eux ne craignait pour lui-même : tous trois songeaient à ceux qu'ils aimaient, sans cependant que cette idée les fît faiblir devant le péril.

Un malheur plus affreux que la mort même devait bientôt les frapper tous trois.

Manquant de moyens pour faire parvenir à l'Empereur un avis pressant, l'un des généraux placés au centre du carré où nous avons dit qu'elle se trouvait, avait aperçu la générale des Marie-Louise et l'avait reconnue. Par un hasard étrange, ce général était le même qu'elle avait conduit à Brienne ; il connaissait l'intrépidité et le sang-froid de la jeune fille ; il savait combien elle était dévouée à l'Empereur.

— Marie, lui avait-il dit en s'approchant d'elle, vous pouvez rendre à l'Empereur et à nous tous un service signalé ; vous pouvez sauver la vie de tous ces braves gens : le voulez-vous ?

Marie avait jeté sur Julien un regard plus éloquent que toutes les paroles ; puis, sans interrompre le général même par un mot, elle avait fait de la tête un signe affirmatif.

— Il s'agit, avait continué le général, de faire parvenir ce mot à l'Empereur, qui est en ce moment au bout de la ville, près du pont. Aucun de nos hommes ne saurait passer, il serait tué en chemin ; mais vous, une femme, en suivant ce petit escarpement que vous voyez là-bas, vous pourrez sans doute facilement parvenir à lui ; on ne se défiera pas de vous.

— Donnez, général, dit Marie en prenant le papier qu'elle plia et plaça dans sa poitrine.

Julien la regardait faire avec inquiétude.

Elle lui fit signe de la main et du regard, et sortit du carré. Puis elle gagna les premières maisons, et, se glissant dans l'ombre, car il était déjà tard et la nuit approchait, elle atteignit bientôt l'escarpement que le général lui avait indiqué.

Le jeune sous-lieutenant, devenu pâle, la suivait des yeux ; un sinistre pressentiment lui serrait le cœur en voyant ainsi partir seule celle qu'il aimait.

A cet instant un cavalier qui semblait suivre les traces de la jeune fille passa au galop. Dans ce cavalier Julien avait reconnu Frantz. Sans aucun doute il était à la poursuite de Marie.

Alors l'homme l'emporta sur le soldat, l'amour sur le devoir. Julien fit deux pas en avant, quittant sa place de commandement. Il allait sauver sa femme.

Une effroyable détonation se fit entendre ; un bruit d'hommes et de chevaux plus effrayant que le bruit du tonnerre éclata à deux pas de Julien ; puis un commandement s'éleva, distinct et calme, au-dessus de ce fracas. Un mouvement sec, uniforme, répondit à ce commandemant ; les fusils sonnèrent entre les mains des soldats ; tous les premiers rangs du carré croisaient la baïonnette contre la cavalerie russe qui l'attaquait.

Julien n'avait rien entendu, rien vu que Marie, et Frantz qui la poursuivait ; Marie, qu'il ne pouvait plus apercevoir, car le carré n'avait pas reçu les cavaliers russes seulement avec la baïonnette, un formidable feu de peloton avait étendu sur la terre bon nombre de chevaux et de cavaliers des premières lignes.

Alors l'épée à la main, fou de désespoir, il s'était jeté sur ces lignes, avait vu un sabre passer devant lui comme un éclair ; puis il lui avait semblé qu'on lui jetait un bandeau sur les yeux, et il s'était affaissé sur lui-même.

C'était un cosaque qui venait de lui porter un coup de sabre sur la tête.

La manière dont le carré avait accueilli la cavalerie russe n'était pas faite pour l'encourager. Une hésitation générale se fit sentir parmi les assaillants ; hésitation que le feu du carré décida tout à fait. Bientôt les escadrons, au lieu de se retirer à reculons, firent volte-face pour aller se reformer plus loin.

Les rangs du carré s'ouvrirent pour recevoir le sous-lieutenant blessé, puis la ligne hérissée de fer se referma.

— Pauvre petit lieutenant, dit un soldat, il a son affaire. C'est dommage !... Un crâne soldat !... Mais aussi que diable va-t-il se jeter sous le cheval du Cosaque, comme pour lui demander un coup de sabre.

Le soldat ignorait que Julien n'avait vu ni le cosaque, ni la charge de cavaliers; qu'il n'avait vu que Marie.

On donna les premiers soins à Julien, qui rouvrit les yeux.

A la chute du jour, au moment où la colonne du général Lefebvre-Desnouettes arrivait de Plancy avec 4,500 hommes de jeune garde, le carré se rompit et alla se porter du côté des faubourgs, où les luttes s'étaient concentrées.

Les blessés furent transportés dans une maison placée à l'entrée de ces faubourgs et où on avait arboré le drapeau noir. On sait que c'est le pavillon protecteur des ambulances, l'enseigne de la souffrance et de la mort.

La nuit ne suspendit pas le combat. A chaque minute, des bombes traversaient l'espace, laissant après elles une trace lumineuse, puis venaient éclater sur les maisons qu'elles incendiaient. Cependant, vers dix heures, après une charge de cavalerie, conduite par le général Sébastiani, qui ne put être arrêté que par la cavalerie bavaroise, trois divisions de cuirassiers russes et un escadron de garde prussienne, l'ardeur se ralentit de part et d'autre, et on bivaqua en quelque sorte en présence.

Pendant ce temps, une scène d'une autre nature se passait dans une maison de belle apparence, située au pied d'Arcis, dans une de ces belles vallées qui entouraient la ville avant d'être devenues des champs de bataille, et qui devait servir de maison de plaisance à quelque riche rentier de la ville.

Dans un salon, situé au premier étage, sont réunis autour d'une table plusieurs officiers étrangers appartenant aux diverses nations coalisées. Il y a des Russes, des Prussiens, des Autrichiens, des Bavarois, des Wurtembergeois, tous attachés à l'état-major du comte de Wiède et du général russe Rayewsky.

La cave de la maison est bien garnie, à ce qu'il paraît, car la table est couverte de vins de toute sorte, parmi lesquels le vin de Champagne tient honorablement sa place, et paraît coiffé d'argent auprès de tous ces officiers dorés.

La gaieté règne au milieu de ces jeunes officiers, car il y a longtemps qu'ils ont pu résister à Napoléon, et ils sont assez peu habitués à le voir battre en retraite devant eux pour se réjouir des résultats de la journée. Chacun raconte les événements auxquels il a pris part, et bâtit des plans pour le lendemain. Le héros ne pourra les faire évanouir en fumée, cette fois, comme à Austerlitz; la fatalité a posé sur lui sa main de fer, la Providence l'a abandonné. L'étranger peut se réjouir et boire à Arcis, et bientôt il se réjouira et boira à Paris.

Un seul personnage, retiré à l'écart, reste silencieux au milieu de toutes ces conversations et de tous ces récits. Il est pensif et parait ne prendre aucune part à ce qui se passe autour de lui; mais, dans le pénombre où il est placé, son œil brille d'un feu sombre et semble suivre comme sa pensée un projet qui fait apparaître de temps en temps sur sa physionomie un sourire fugitif et lugubre. Tel on se figure le sourire du démon.

Au rez-de-chaussée de la maison, dans une espèce de hangard, de niveau avec le sol, se trouvent plusieurs soldats qui font honneur comme leurs officiers à la cave de la maison et qui semblent déjà abattus par l'ivresse. A quelques pas d'eux est placé un vaste caisson contenant des munitions de toute sorte, et qui est là tout prêt pour la défense.

De nombreuses bouteilles vides attestent que ces étrangers, habitués à la bière de leur pays, ne dédaignent pas les vins de France.

— Du vin ! du vin ! s'écrie l'un d'eux, d'une voix que l'ivresse rend déjà hésitante, en accompagnant son exclamation de jurons que nous n'essaierons pas de traduire.

— Les bouteilles sont vides, répond un autre ; les officiers qui sont là-haut ont tout pris, il ne reste que les tonneaux !

— Aux tonneaux donc ! reprennent les assistants, dont la plupart abandonnent le hangar pour descendre à la cave qui recèle l'objet de leur convoitise.

Quelques soldats restent ; mais ceux-là, déjà ivres-morts, sont couchés par terre comme des masses inertes, prononçant à peine quelques blasphèmes ou grognant quelques phrases entrecoupées.

Laissons les uns et les autres cuver leur vin

ou s'en gorger de nouveau, et remontons dans la salle où se tiennent les officiers, au-dessus même du hangard où nous venons d'introduire le lecteur. Un seul escalier conduit à cette salle ; les fenêtres sont élevées de plusieurs pieds au-dessus du sol et donnent sur une cour assez vaste.

Ici ce n'est pas l'ivresse grossière et brutale ; c'est la gaieté, c'est la folie, ce sont les éclats de rire, les conversations bruyantes, les projets et les souvenirs, les mensonges de la veille et les hâbleries du lendemain. On parle de tout, mais surtout de la France et de ses vins qu'on boit.

Le personnage que nous avons laissé tout à l'heure pensif et solitaire suit maintenant les propos des étrangers. Il écoute, il écoute avec attention.

Puis se levant :

— Messieurs, dit il d'un ton qu'il s'efforce de rendre joyeux, mais qui laisse percer malgré lui la colère et la haine, vous parliez aussi des Françaises; je puis vous en donner une pour convive.

— Une française ! répètent ensemble les officiers : la maîtresse de la maison ?

— Non, ma prisonnière.

— Votre prisonnière ?

Ces questions se pressent articulées par tous les assistants.

— Oui, messieurs ; et sachez que cette femme est plus redoutable pour les armées alliées que bien des généraux que vous avez combattus.

Un éclat de rire accueillit ces paroles.

— Riez, riez, continua Frantz ; cette femme a conduit les bataillons qui sont entrés à Brienne ; vingt fois elle a porté des dépêches que Bonaparte n'eût pu faire parvenir ; femme elle passait partout, car son audace est grande et son dévoûment à l'Empereur absolu.... Elle a fait plus de mal, vous dis-je, à elle seule, que les balles de la garde n'ont fait de morts aujourd'hui dans vos rangs !... Ce soir vous pouvez vous venger !

Chose incroyable! pas un seul de ces officiers, tous jeunes, ayant tous sans doute une mère ou une sœur, ne se récria à ce mot *venger* appliqué à une femme. Seulement, ce que venait de dire Frantz excitait au plus haut degré leur curiosité.

— Faites la donc venir ! dit l'un d'eux.

Un sourire sinistre passa sur les lèvres de Frantz.

— Je vais vous l'amener, répondit-il.

— Cet homme-là est fou, fit, en suivant Frantz des yeux, un jeune officier prussien. Qui de vous, messieurs, le connaît?

Et l'officier alluma à l'un des candélabres placés sur la table une cigarette dont il aspira une bouffée, pour la lancer, avec une satisfaction marquée, vers le plafond.

Personne n'ayant répondu à sa demande :

— Comment, dit-il, personne ne sait quel est cet original ?

—Moi, reprit un major prussien, je l'ai vu vingt fois apparaître au milieu d'une bataille, auprès du général Blücher; on ignorait d'où il venait et où il allait; le général le recevait toujours avec une sorte de déférence : voilà tout ce que je sais.

— Ma foi ! messieurs, s'il faut vous dire toute ma pensée, continua un capitaine de hussards, je crois que cet homme-là est tout bonnement un espion.

— Un espion ! firent les assistants étonnés !

— Oui, un espion, mais non pas de ces espions de bas étage qu'on paie à tant la nouvelle. Il est mu par un sentiment qui le domine. Est-ce l'ambition ? Peut-être bien, car il lui est arrivé de refuser avec dédain, devant moi, des récompenses pécuniaires qu'on lui offrait.

— C'est singulier, dit l'officier prussien tout pensif; il faudrait pourtant s'informer.

L'officier n'en put dire plus long : Frantz apparut sur le seuil de la porte, conduisant Marie.

La générale des Marie-Louise avait les deux mains liées derrière le dos avec une corde qui lui entrait dans les chairs. Elle était pâle ; mais aucun signe de colère ne se manifestait sur sa physionomie triste et abattue.

A cette vue, un cri passa dans toutes les bouches, et chacun s'arrêta, contemplant cette belle jeune fille qui venait d'entrer.

Marie, immobile, subissait, non sans embarras, mais avec dignité, la curiosité des jeunes officiers ; elle s'était appuyée au mur, les yeux baissés vers la terre et comme occupée d'une pensée douloureuse.

On eût dit qu'elle n'avait rien à craindre de ces hommes.

— Eh ! monsieur,..... l'inconnu, votre jeune prisonnière ne paraît pas si méchante que vous le disiez ; déliez-lui les mains.

Et, s'approchant de la table, il prit un couteau qu'il donna à Frantz.

— Je le veux bien, dit celui-ci ; mais prenez garde, tout à l'heure la brebis deviendra panthère ; je ne réponds de rien.

— Ah ! charmant ! s'écrièrent ensemble les officiers, panthère ! il est charmant l'inconnu ; il vous dit cela avec un sang-froid....

Puis l'officier prussien que nous avons vu tenir le dé de la conversation reprit :

— Est-ce vrai cela, la belle enfant, que vous nous voulez du mal à tous?

— Je ne veux de mal à personne, dit gravement Marie en se détournant, j'ai souvent donné mes soins à des soldats ennemis blessés ; seulement j'aime mon pays et l'Empereur.

— Et qu'alliez-vous faire ce matin du côté du pont d'Arcis quand je vous ai fait ma prisonnière, dit Frantz avec un rire sinistre ?

— J'allais porter une nouvelle à l'Empereur.

Marie, en disant ces mots, regarda autour d'elle et aperçut Frantz qui l'enveloppait de son regard haineux.

— Oh ! dit-elle l'œil ferme et menaçant, la tête haute, c'est vous, c'est encore vous qui avez fait cela. Je vous reconnais ! Honte ! honte ! n'osant vous venger vous-même sur la pauvre femme qui vous a fait grâce de la vie, vous l'avez faite prisonnière, vous l'avez livrée à des soldats au milieu d'une orgie... Vous vous êtes trompé dans votre vengeance ; car ces soldats, vous le voyez, ces soldats qui portent une épaulette ne la déshonoreront pas,... ils m'ont délivrée de mes liens. Maintenant je suis libre, je ne dépends plus de personne que de Dieu....

En ce moment, la porte s'ouvrit et un homme apparut devant Frantz.

En apercevant cet homme, Marie avait poussé un cri de joie, et s'était élancée près de lui sans qu'aucun des officiers pensât à la retenir, occupés qu'ils étaient de l'apparition du nouveau-venu.

Frantz s'était arrêté, immobile et comme terrifié.

L'homme qui était là portait l'uniforme de la jeune garde ; sa tête, d'une pâleur effrayante, était entourée de linges sanglants ; ses yeux, brillants de fièvre et de colère, étincelaient dans leur orbite, d'où ils semblaient prêts à sortir.

Il tenait dans chaque main un pistolet armé.

Nos lecteurs ont sans doute reconnu Julien.

— Quel est cet homme! firent tous d'une voix les officiers, impressionnés par cette apparition qui devait par son aspect sinistre imposer aux plus braves.

— C'est mon sauveur! dit Marie.

Julien ne semblait pas l'entendre. Son œil fixe n'avait pas quitté Frantz ; pas un muscle de son visage n'avait remué depuis qu'il était là devant ces hommes, debout et sanglant, menaçant et terrible comme la statue du commandeur.

Il y eut un instant de silence.

— Cette comédie finira-t-elle ? dit enfin l'officier prussien en regardant Frantz avec défiance.

Et il fit deux pas vers Julien.

Julien leva la main droite vers l'officier; et le pistolet qu'il tenait de cette main se trouva à la hauteur de sa poitrine.

Instinctivement celui-ci s'arrêta.

— Qu'aucun de vous ne fasse un pas, dit alors Julien, d'une voix qui n'avait rien d'humain; pas un, entendez-vous? ou vous êtes tous perdus....

Une exclamation de colère courut parmi les assistants, comme pour protester contre cette menace, et tous se rapprochèrent de lui, voulant lui montrer qu'il était seul contre eux tous.

Julien continua.

— Je vous ai dit que vous étiez tous perdus!.... non parce que je tiens à la main ces armes, mais parce que ces armes sont le signal dont je me servirai si vous essayez de porter la main sur elle ou sur moi... Tentez-le, et dans moins d'une minute nous sautons tous!

Et le jeune soldat posa lentement la main sur la détente d'un des pistolets.

Il se fit un silence solennel.

— Vos soldats, ajouta Julien, sont ivres-morts ou enfermés dans les caves. Mon père seul, un vieux soldat qui n'a pas peur de la mort, est près du caisson où sont vos munitions, dans le hangard placé sous ce salon.... Voulez-vous voir si je mens ?

Puis il ajouta avec une sorte de rage en regardant Marie :

— Oh ! si ce n'était elle, je ne vous laisserais pas le choix !

— Enfin, que voulez-vous faire ? dit l'officier, plus impatienté qu'effrayé.

— Partir avec elle ; quand nous serons hors de cette maison vous pourrez sortir, je vous en donne ma parole; il n'y aura plus de danger pour vous. Mais songez à ne pas trop vous hâter, mon père est en bas et un coup de feu sera le signal de notre mort à tous.

Julien prit Marie par la main, tira la porte du salon, et la ferma à double tour.

Puis ils descendirent tous deux et trouvèrent le sergent Chaudoreille placé dans le hangard, une mèche allumée à la main.

Près de lui était un cheval tout sellé.

Julien se mit en selle ; Marie, assise en croupe,

était derrière lui et le soutenait, car les forces commençaient à lui manquer.

— Maintenant venez, mon père, dit Julien.

— Tonnerre! reprit Chaudoreille, j'ai bien envie de rester et de faire sauter toute la boutique.

— Non, mon père; j'ai promis que, nous sauvés, ils le seraient aussi, et d'ailleurs ce serait la mort pour vous. Venez.

— Allons, qu'il soit fait selon ta volonté, mais tu as tort; ce gredin qui est là-haut n'aurait plus été à craindre…. A droite, mes enfants, nous sommes à dix minutes des nôtres… Maintenant à gauche et au petit galop; j'entends qu'on remue dans la maison : quant à moi, je connais mon chemin.

Et quand Julien et Marie furent éloignés :

— Mon pauvre enfant! dit-il en éclatant en sanglots, cette blessure et cette nuit me le tueront.

Et il continua à marcher sans paraître songer que les ennemis étaient derrière lui.

CHAPITRE XIV

LE DÉNOUEMENT

Trois jours après la bataille d'Arcis, l'Empereur avait traversé la Marne à une demi-lieue au-dessus de Vitry-le-Français, au gué de Frignicourt.

Le 23 mars il entrait à Saint-Dizier.

C'était à Saint-Dizier qu'avait eu lieu, le 27 janvier précédent, le premier engagement de la campagne. C'était là aussi qu'elle devait finir.

Le même jour, au moment même où Napoléon arrivait à Saint-Dizier, toutes les forces alliées opéraient leur jonction dans les plaines de Châlons, et se disposaient à marcher contre la capitale. « Jamais, depuis Attila, dit un historien témoin des événements, l'immense plaine qui s'étend entre Châlons et Arcis n'avait contenu plus de soldats ! »

Chose incroyable, mais que des écrits authentiques attestent, les souverains qui commandaient cette avalanche d'hommes, de chevaux et de fer qu'on appelait les armées alliées, les souverains hésitèrent à marcher sur Paris. Cette seule pensée que Napoléon était derrière eux suffisait à les épouvanter ; durant deux jours et deux nuits, ils flottèrent entre les avis les plus opposés. Il est certain qu'alors la question d'une retraite générale, sur le Rhin, fut posée et longuement débattue.

Mais, au moment où cette résolution était sur le point de prévaloir, un aide-de-camp avait apporté à l'empereur Alexandre une lettre qu'on disait très pressée. L'empereur, en reconnaissant l'écriture, avait laissé paraître une satisfaction évidente, avait lu les premières lignes de la dépêche, et avait dit, en s'adressant à l'aide-de-camp : « Faites entrer la personne qui a remis cette lettre. »

Puis se tournant vers les souverains alliés :

— Cette lettre m'annonce, avait-il ajouté, que Napoléon poursuit le corps de Winzingerode, croyant manœuvrer sur les derrières de l'armée de Schwartzemberg tout entière. Elle me donne, en outre, comme certain, que son projet est de laisser à ses lieutenants le soin de couvrir Paris, pendant qu'il soulèvera les populations de la Meuse et de la Moselle.

— Si cela est, tout est sauvé, s'écria le roi de Prusse, avec une joie qu'il ne cherchait pas à cacher.

— Hélas! fit seulement l'empereur d'Autriche, cela n'est pas!

— Cela est, articula une voix qui fit redresser la tête aux trois souverains, et aux généraux faisant partie du conseil.

— Ah! c'est toi, dit Alexandre en envisageant le nouveau-venu.... As-tu la preuve de ce que tu avances?

— La voici, répondit Frantz. Vous n'en révoquerez pas en doute l'authenticité; elle est de la main de Bonaparte lui-même et adressée à l'Impératrice.

Un murmure de curiosité et de satisfaction passa dans toutes les bouches. Alexandre prit vivement la lettre, en déchiffra avec peine le commencement, s'interrompant de temps à autre pour deviner le sens des hiéroglyphes tracés par Napoléon; car la lettre était bien de Napoléon.

Enfin, impatienté :

— Lis nous donc cela, dit-il à Frantz.

Frantz prit la lettre et la lut.

Elle contenait, en effet, l'exposé tout entier du nouveau plan de l'Empereur que nous avons fait connaître dans un de nos derniers chapitres.

Il était désormais certain que Napoléon s'éloignait de Paris et que Paris était le salut.

L'Empereur de Russie prit le premier la parole.

— Il n'y a pas un instant à perdre, dit-il, il faut marcher sur la capitale.

— Mais il faut y entrer, objecta l'empereur d'Autriche.

— Nous y entrerons.

— Comment ?

— De gré ou de force; mais il n'y aura pas besoin d'employer la force. M. de Talleyrand est avec nous; une fois aux portes de Paris nous sommes maîtres de la situation. D'ailleurs, il faut en finir, ajouta le czar, qui ne pouvait pardonner à Napoléon son entrée à Moscou ; nous nous sommes engagés par écrit à poursuivre la guerre par tous les moyens ; chaque puissance doit tenir en campagne active cent cinquante mille hommes au moins, total six cent mille hommes ; l'Angleterre nous fournit pendant toute la guerre un subside annuel de cent vingt millions ; nous avons des soldats, de l'argent ; Napoléon n'a ni argent ni soldats..... Jouons le tout pour le tout !

Le czar appelait cela *jouer le tout pour le tout ;* avec les six cent mille hommes et les cent vingt millions de la coalition ces souverains laissaient encore percer, dans leurs paroles, la terreur que leur inspirait le nom seul de Napoléon.

Quoi qu'il en soit, le 25 au matin toutes les masses étrangères descendirent les deux rives de la Seine.

Le 26 au soir, des prisonniers appartenant à un corps de dix mille cavaliers russes et prussiens commandés par le général Wintzingerode, et qui avait été chargé de harceler la petite armée impériale pour masquer le nouveau mouvement des souverains sur Paris, apprennent à l'Empereur que ce n'est pas Schwartzemberg, mais un de ses généraux qu'il poursuit, et que les alliés marchent contre la capitale.

Napoléon passe la nuit sur ses cartes.

Le matin il fait appeler ses généraux et leur communique son plan de campagne. Il va marcher droit au Rhin, soulevant les populations sur son passage, évoquant partout la guerre et la vengeance. L'Allemagne n'est pas défendue, il va entrer en Allemagne, et tandis que l'insurrection de tous les départements de l'Est tiendra les souverains enfermés dans Paris, il parcourra victorieux les États désarmés de ses adversaires. Il est plus près de Vienne et de Berlin que les alliés ne le sont de Paris. Mais il a compté sans ses généraux, sans ses maréchaux, qui ont à Paris les palais qu'il leur a donnés, les richesses dont il les a comblés. Déjà à Moscou, lorsqu'il voulait marcher sur Saint-Pétersbourg, ils l'ont entraîné en arrière, et la retraite de Russie a décimé la plus belle armée du monde ; ici encore ils vont le ramener sur ses pas, jusqu'à ce qu'ils l'abandonnent.

Napoléon, après avoir lutté durant tout un

jour et toute une nuit contre le mécontentement de son entourage, cède enfin, et le 28 au matin l'armée reprend la route de Paris.

C'étaient cinq jours de perdus ; c'était la perte de l'Empereur. En avançant, il prenait le comte d'Artois à Nancy ; le reste allait de soi seul. Ecoutons à cet égard le témoignage d'un général anglais attaché à l'état-major du souverain :

« Les alliés, écrivait ce général en 1814, se trouvaient dans un cercle vicieux d'où *il leur était impossible de se tirer*, si la défection ne fût venue à leur secours. *Ils étaient hors d'état d'assurer leur retraite,* et cependant ils étaient *obligés de se retirer.* Cette défection, favorable à leur cause, fut consommée *au moment même où le succès* de Bonaparte semblait hors des *atteintes de la fortune.* Le mouvement de Saint-Dizier, qui devait lui *assurer l'Empire,* lui fit perdre la couronne. »

Quoi qu'il en soit, Napoléon rétrograda. Les alliés avaient sur lui une avance de trois jours ; mais c'était une grande armée qui marchait, elle ne pouvait marcher vite. D'un autre côté, les routes étaient libres pour l'armée française ; en suivant la route de Troyes, de Sens, de Fossard et de Fontainebleau, aucun obstacle n'était à redouter. Si Paris tenait deux jours seulement, Napoléon pouvait y devancer les souverains et leur faire payer cher son erreur.

Marmont et Mortier reçoivent l'ordre de se replier sur Paris, d'arrêter tous les convois, de réunir autour d'eux tous les renforts et de défendre les barricades des faubourgs, pendant que l'Empereur arrivera à vol d'aigle à la tête de trente mille braves, soutenu par l'insurrection des Vosges, du Jura, de l'Aube, de la Côte-d'Or. Le roi Joseph est invité à résister jusqu'à la dernière extrémité. Paris est entouré de redoutes ; vingt mille hommes d'infanterie sont prêts à entrer en ligne avec les autres forces de la capitale ; Paris ne peut être pris avec ces précautions.

Mais c'est du courage de Joseph et de la fidélité de Clarke, alors ministre de la guerre, que dépend le sort de Paris.

De Saint-Dizier à Paris, on compte soixante-cinq lieues par les détours de la route que doit suivre l'armée. Parties le 28 au matin, les troupes couchent le soir à Doulevant, pour se remettre en marche le lendemain de très bonne heure.

La première halte de la journée est à Doulencourt.

Là, l'Empereur dépêche un de ses aides-de-camp à Joseph, lui enjoignant de tenir jusqu'à son arrivée.

Puis, choisissant le meilleur cheval de ses écuries, il se dirige sur Troyes où il arrive le 30 à cinq heures du matin, après avoir fait quinze lieues sans débrider.

Ce jour-là même, la bataille était engagée sous les murs de Paris.

C'était la troisième fois que Napoléon passait à Troyes depuis trois mois, dans des situations bien différentes.

Il s'y arrêta à peine, prit une heure de repos et monta en voiture. Personne n'était dans sa confidence; ceux qui voyageaient si rapidement avec lui le suivaient sans savoir où ils allaient.

A Sens, il mit pied à terre pour prendre un bouillon. A chaque relai il demandait des nouvelles de l'Impératrice et du roi de Rome. Il apprit ainsi que sa femme et son fils avaient quitté Paris, que l'ennemi était aux portes de la capitale et qu'on s'y battait.

A Villeneuve-sur-Vannes, il se jeta dans une carriole d'osier.

Les postillons brûlaient le pavé; on leur distribuait de l'or pour crever leurs chevaux.

Il traversa successivement et sans s'arrêter Pont-sur-Yonne, Fossard, Moret, Fontainebleau; à minuit il arrivait à Fromenteau.

Il était à cinq heures de la capitale, après avoir fait plus de quarante lieues dans cette seule journée.

— Avant une heure, dit-il à Berthier, nous serons à la tête des défenseurs de la capitale.

A cet instant arrive une estafette qui demande l'Empereur. Une dépêche lui annonce la capitulation de Paris, signée ce jour même à onze heures du soir.

— Faute d'une heure! s'écrie l'Empereur avec un accent indéfinissable.

Entrant dans la maison de poste avec ses officiers, il se fait apporter la carte sur laquelle il a coutume de marquer les diverses positions de ses troupes et des armées ennemies, au moyen de petites épingles à têtes enduites de cire de différentes couleurs; mais cette fois, dévoré par l'inquiétude, il ne peut parvenir à retrouver le calme.

Il quitte bientôt cette occupation et sort de la maison de poste, disant que sa tête est brûlante, et marche à pas précipités sur le bas côté de la route qui mène à Paris. De temps en temps quelques mots sans suite lui échappent.

Ses officiers le suivaient silencieusement, lorsque le général Belliard arrive à la tête d'une des colonnes d'artillerie qui viennent de quitter la capitale.

— Belliard ! s'écrie Napoléon.

Le général saute à bas de son cheval.

— Que veut dire ceci ? reprend l'Empereur : pourquoi cette cavalerie est-elle là ? où sont les ennemis ? où est l'armée ? où sont ma femme et mon fils ?

— Sire, Paris s'est rendu, l'Impératrice et le roi de Rome sont partis pour Blois.

— Et Joseph ?

— Il s'est dirigé sur Rambouillet, où il doit rejoindre l'Impératrice.

— Mais la lettre que Dejean lui a portée ?

Belliard garde le silence et fait signe qu'il ignore ce fait.

Voici en effet la lettre que le général Dejean avait remise au roi Joseph, qu'il avait rejoint à franc étrier :

« AU ROI JOSEPH

» Conformément aux instructions verbales que je vous ai données avant mon départ, et à l'esprit de toutes mes lettres, dans lesquelles je vous ai dit que, quoi qu'il arrive, vous ne deviez pas permettre que l'Impératrice et le roi de Rome tombassent entre les mains des coalisés, je vous préviens que j'ai manœuvré de façon à ce que demain je sois à Paris avec ma garde. D'ici là tenez ferme. Mettez à l'abri le trésor et les munitions. Ne quittez pas mon fils. Rappelez-vous que je préférerais le voir dans la Seine, plutôt qu'au pouvoir des ennemis de la France. Le sort d'Astyanax, prisonnier des Grecs, m'a toujours paru le sort le plus malheureux de l'histoire.

» Votre affectionné frère,

» NAPOLÉON. »

Mais l'ex-roi d'Espagne avait répondu seulement à Dejean : Il est trop tard.

Le sort d'Astyanax était en effet réservé au roi de Rome.

Ce n'était pas seulement le souverain, mais l'époux et le père que devait frapper la capitulation de Paris.

L'Empereur garde quelque temps le silence; puis prenant le bras de Belliard :

— D'après ce que j'apprends, il nous faut aller à Paris tout de suite, partons.

Belliard allait répondre, lorsqu'un cavalier passa près de l'Empereur et des officiers qui l'entouraient.

— Il est trop tard, dit-il en s'éloignant rapide comme l'éclair.

On entendit encore comme un éclat de rire infernal qui se mêlait au bruit cadencé des quatre pieds du cheval lancé au galop ; puis tout avait disparu dans l'obscurité.

Napoléon avait relevé la tête, et suivi malgré lui de l'œil et de l'ouïe le cavalier qui avait jeté ces deux mots : Il est trop tard.

Cette apparition subite, à cette heure et

dans cette circonstance, avait paru le frapper.

Mais ce fut l'affaire d'un instant.

— Partons, répéta-t-il, allons à Paris.

— Mais, lui dit Belliard, à l'heure qu'il est il n'y a plus un soldat français dans la capitale, vous y serez fait prisonnier.

— Moi prisonnier ! fit dédaigneusement l'Empereur.

En disant ces deux mots, il s'était redressé, ses yeux lançaient des flammes. Ce n'était pas le général vaincu par la fortune, dompté par l'adversité, terrassé par la désertion ; c'était le vainqueur d'Iéna, d'Austerlitz, le souverain qui avait eu une antichambre de souverains et un état-major de rois. C'était le héros qui, après avoir attaché la fortune à son char, allait donner ce sublime spectacle de la dignité dans le malheur !

Il avait raison, le temps n'était pas encore venu pour lui d'être prisonnier.

— J'y trouverai la garde nationale, continua-t-il ; l'armée me rejoindra demain ou après-demain ;... alors...

— Mais il faut que je répète à Votre Majesté,

reprit Belliard, qu'elle ne peut aller à Paris. La garde nationale, en vertu du traité, monte la garde aux barrières; et, quoique les alliés ne doivent entrer dans la ville qu'à sept heures, il serait possible que Votre Majesté rencontrât des détachements ennemis.

— C'est égal, je suis déterminé à y aller. Ma voiture ! Suivez-moi avec votre cavalerie.

— Mais, Sire, Votre Majesté exposera Paris aux risques d'un assaut et d'un pillage. Quant à moi, je l'ai quitté par suite d'une convention; je n'y puis retourner.

Belliard, lui aussi, oubliait que ces épaulettes de général qu'il portait il les devait à l'Empereur.

— Qu'est-ce que cette convention ? Qui l'a conclue ? demanda Napoléon.

— Je sais seulement du duc de Trévise qu'il existe une convention et que je dois me rendre à Fontainebleau.

— Que fait Joseph ? où est le ministre de la guerre ?

— Je n'en sais rien. Nous n'avons reçu d'ordre ni de l'un ni de l'autre. On ne les a pas vus.

Alors Napoléon éclata.

— Ainsi, s'écria-t-il, on vous a dit : Il y a une convention ! Et cela vous a suffi. Souvenez-vous, souvenez-vous ! S'il y a dix ans on était venu vous dire ! Rendez-vous ! qu'auriez-vous répondu ? Vous vous seriez fait tuer pour moi, tandis qu'aujourd'hui........ Vous auriez dû soulever Paris, qui ne peut voir avec joie l'entrée des Russes, mettre en mouvement la garde nationale. Ce sont des Français, des Parisiens, c'est tout dire ; il n'y avait qu'à leur confier la défense des fortifications que le ministre a fait construire et qui étaient bien garnies d'artillerie.

— Sire, cela était impossible. Les troupes attendaient votre arrivée. On la leur a annoncée ; elles ont redoublé d'efforts, chacun a fait son devoir ; mais il a fallu succomber aux barrières.

— Combien aviez-vous de cavalerie ?

— Dix-huit cents hommes, Sire.

— Montmartre, fortifié et défendu par de grosses pièces, était imprenable.

— Heureusement l'ennemi pensait de même, il ne s'en est approché qu'avec circonspection ;

mais il n'en avait pas besoin ; nous n'avions que sept canons de six.

— Qu'a-t-on fait de mon artillerie ? J'avais plus de deux cents pièces et assez de munitions pour les servir pendant un mois.

— Nous n'avions que des pièces de campagne, et à deux heures nous avons dû ralentir le feu faute de munitions.....

— Assez ; je vois que chacun a perdu l'esprit.

. . . .
. . . .
. . . .
. . . .

———⋅⋗⊛⋖⋅———

. . . .
. . . .
. . . .
. . . .

Le jour commençait à poindre.

L'avant-garde de la colonne d'infanterie du maréchal Mortier arrivait à Fromenteau.

L'Empereur, debout, la main appuyée sur le

front, regardait venir ces braves soldats qui marchaient silencieux et tristes.

Puis il se retourna et sembla chercher au loin la trace du cavalier qui était passé quelque temps auparavant, et comme malgré lui le mot : « Trop tard » vient sur ses lèvres.

En le voyant hésiter, le prince de Neufchâtel engageait l'Empereur à envoyer M. de Caulaincourt pour traiter avec les souverains alliés :

— Sire, rien n'est désespéré, dit-il; il n'y a qu'une convention.

— Partez donc, monsieur le duc, fit Napoléon. Voyez l'empereur Alexandre, et songez que l'honneur et la dignité de la France sont entre vos mains.

Alors il monta dans sa voiture et prit la route de Fontainebleau.

A six heures du matin il entrait dans la cour du *Cheval-Blanc*.

Dans un coin de cette cour se tenait debout, pâle, le regard terne, le visage défait, une jeune fille qui le regarda passer des larmes dans les yeux ; mais l'Empereur ne releva pas sa tête baissée vers la terre, et ne vit pas la jeune fille.

C'était Marie. Derrière elle était le sergent Chaudoreille ; on eût dit qu'il ne sentait et ne voyait plus.

L'Empereur ne voulut pas qu'on l'installât dans les grands appartements ; il monta jusqu'à une petite chambre qu'il affectionnait particulièrement. Cette chambre, située au premier étage, longe la galerie dite de François Ier.

Il traversa cette galerie à pas précipités, disent les récits des témoins oculaires ; puis s'asseyant et joignant ses deux mains sur son front : « Est-ce donc là ma fin ? dit-il. »

Puis il ordonna qu'on le laissât.

On sait ce que Paris avait fait : tout ce qu'il était humainement possible de faire. Les jeunes soldats du duc de Trévise, les élèves de l'Ecole Polytechnique, la garde nationale, avaient fait tête à l'ennemi ; mais ils n'étaient pas en tout 20,000 hommes. L'attaque avait commencé par le bois de Romainville. La résistance opiniâtre de ces braves rendait douteuse l'entrée des alliés à Paris ce jour-là ; mais, vers midi, Blücher avait marché sur Montmartre, pendant que le prince de Wurtemberg se portait sur les buttes

Saint-Chaumont. La poignée de braves qui défendait la capitale fut dès lors enveloppée et resserrée d'heure en heure.

Le duc de Raguse fit connaître sa position à Joseph, qui répondit : « Si M. le maréchal duc de Raguse et M. le maréchal duc de Trévise ne peuvent plus tenir, ils sont autorisés à entrer en pourparler avec le prince de Schwartzemberg et l'empereur de Russie, qui sont devant eux. Ils se retireront sur la Loire avec leurs troupes. »

Puis le roi Joseph avait quitté Paris et s'était dirigé sur le bois de Boulogne pour gagner la route de Versailles. On sait comment la lettre de Napoléon, dont le général Dejean était porteur, arriva trop tard.

Pendant que les deux maréchaux s'étaient mis en communication avec les généraux ennemis, l'ennemi s'était emparé des hauteurs du Père-Lachaise, avait pénétré dans Belleville et Ménilmontant, s'était établi sur les buttes Saint-Chaumont qui dominaient tout Paris. Blücher était maître de la barrière Saint-Denis ; enfin, Montmartre venait d'être occupé. Les ducs de Trévise et de Raguse s'étaient réunis à La Vil-

lette avec MM. de Nesselrode et les comtes Orloff, dans un cabaret, tenu par un nommé Touron. C'est là que furent rédigés les principaux articles de la capitulation de Paris. Quelques jours après, tout le monde pouvait voir sur la devanture du cabaret où le sort de la France avait été décidé, cette inscription, écrite en grosses lettres blanches, sur un fond rouge :
« Au boeuf a la mode. *Ici le* 30 *mars* 1814, *d'auguste mémoire, par le secours de nos amis les alliés, la divine Providence rendit à la France un père. Touron, marchand de vins, traiteur.* »

Cette inscription devait être effacée, un an plus tard, le 20 mars 1815, au retour de l'île d'Elbe.

La maison existe encore, seulement elle a changé de maître et de destination, dit un historien de l'époque impériale ; c'est aujourd'hui un hôpital pour les animaux malades.

Voilà ce qui s'était passé à Paris. Maintenant qu'allait faire Napoléon ?

Dans toute la journée du 31 et durant la matinée du lendemain, les troupes qui avaient défendu Paris arrivèrent, ainsi que le corps d'armée venant de la Champagne à la suite de l'Empereur. Les corps de Mortier et de Marmont prirent position derrière la rivière d'Essonne. Les quartiers généraux étaient à Essonne et à Mennecy. Tous les autres détachements sortis de Paris furent ralliés derrière cette ligne. L'armée de Champagne prit position entre la rivière d'Essonne et Fontainebleau.

Les maréchaux Moncey, Lefebvre, Ney, Macdonald, Oudinot, Berthier, s'étaient successivement rendus près de l'Empereur. Un seul ministre, le duc de Bassano, était avec eux.

Campé à quinze lieues de Paris, son avant-garde à huit lieues plus près, avec quarante mille hommes au moins sous la main, Napoléon sentait tout l'avantage de la position. Le 1er, cette position était devenue favorable à une revanche.

L'ennemi avait abandonné toutes les collines qui dominent Paris; il était descendu dans la ville et s'y était disséminé. Dans ces conditions, un effort vigoureux, aidé par le soulèvement de quelques quartiers, devait jeter la terreur et la démoralisation parmi les alliés et empêcher toute résistance sérieuse.

Ce coup d'audace, le général Bonaparte n'eût pas hésité à le tenter ; l'Empereur Napoléon hésita et attendit pendant quatre jours... Il essayait de négocier. Le duc de Vicence était parti pour Paris dans ce but.

Ce fut dans la nuit du 2 au 3 que le duc de Vicence vint rendre compte à l'Empereur de sa mission, et l'engager vivement à céder.

Napoléon ne répondit pas un seul mot et refusa de s'expliquer.

Seulement, de grand matin, il sortit pour inspecter les divers cantonnements. Quand il arriva, plusieurs régiments de la garde étaient en bataille dans la grande cour du château. A sa vue, des transports impossibles à décrire éclatèrent parmi les officiers et les soldats.

Napoléon considéra quelque temps, avec un regard fier et heureux, ces hommes qui l'acclamaient, Empereur à demi détrôné, et faisant former le cercle, il dit d'une voix forte :

« Soldats ! l'ennemi nous a dérobé trois marches et s'est rendu maître de Paris. Il faut l'en chasser ! D'indignes Français, des émigrés auxquels nous avons pardonné, ont arboré la cocarde blanche et se sont joints aux ennemis. Les lâches! Ils recevront le prix de ce nouvel attentat! Jurons de vaincre ou de mourir! Jurons de faire respecter cette cocarde tricolore qui, depuis vingt ans, nous trouve sur le chemin de la gloire et de l'honneur! »

Les cris : « Nous le jurons! vive l'Empereur! à Paris! » sortent de toutes les bouches, et l'Empereur est depuis longtemps déjà rentré dans son cabinet, que l'enthousiasme dure encore. Tous les corps sans exception avaient été admirables de dévouement.

Aussi l'Empereur n'hésita plus.

Le 4 au matin, un ordre du jour annonça aux troupes que le quartier-général allait être transféré entre Essonne et Ponthierry.

Cette nouvelle, qui fut accueillie avec transport par les soldats, par les officiers des grades inférieurs et par les jeunes généraux, jeta la stupeur parmi les maréchaux et les officiers du haut état-major. Déjà depuis deux jours ils étaient en relations avec Paris, déjà même un d'entre eux avait reçu des communications directes du gouvernement provisoire.

Ce fut dans ces circonstances que la condition d'abdication posée par Alexandre à Caulaincourt pour arriver à une régence et à la paix fut connue à Fontainebleau. Les grosses épaulettes saisirent la balle au bond. Après avoir dit : « Pourquoi ne pas abdiquer ? » ils dirent bientôt: « Il faut abdiquer. » Mais ce fut bien pis quand on apprit l'ordre qui transférait le quartier-général au delà de Ponthierry, et qu'on sut que l'attaque de Paris était décidée. Tous les mécontentements amassés depuis plusieurs jours firent explosion, et ces soldats de fortune, devenus grands seigneurs par la grâce de Dieu et de l'Empereur, résolurent de lui demander formellement, d'exiger cette abdication.

Leur résolution était prise; ces maréchaux, fils de la guerre, enfants de la guerre, voulaient la paix et le repos au prix d'une couronne.

Après la parade, Napoléon rentra dans ses appartements; les maréchaux le suivirent. Macdonald lui présenta une lettre que lui avait adressée le général Beurnonville, annonçant le décret de déchéance rendu l'avant-veille et l'intention où étaient les alliés de ne plus traiter avec

Napoléon ni avec aucun membre de sa famille.

— Qu'est-ce que cela? dit l'Empereur en prenant la lettre des mains du duc de Tarente.

— Voyez, Sire, répondit ce dernier.

— Cette lettre peut-elle être lue tout haut? monsieur le maréchal.

— Oui, Sire.

— Lisez donc, dit l'Empereur à un de ses secrétaires.

Pendant cette lecture la physionomie de Napoléon resta calme.

Quand elle fut terminée:

— C'est bien, dit-il, demain nous aurons raison de tout cela.... Je compte sur vous, messieurs, ajouta-t-il en s'adressant aux maréchaux.

Les maréchaux gardèrent le silence.

L'Empereur devint pâle et fit deux pas vers Oudinot, Ney et Lefebvre.

— J'ai demandé, dit-il, si je pouvais compter sur vous.

— Sire, dit Oudinot, nous vous sommes, sans aucun doute, toujours aussi dévoués. Mais marcher sur Paris est un projet désespéré; et pas une épée ne sortira du fourreau pour une telle entreprise.

— L'armée du moins me suivra! s'écria l'Empereur.

Ce fut alors que deux maréchaux laissèrent tomber cette parole qu'ils durent bien souvent regretter depuis.

— L'armée obéira à ses généraux.

Napoléon jeta lentement son regard profond sur tous ces hommes; il vit à leur visage que leur résolution était bien arrêtée. Cette volonté si vigoureuse, dans la force du pouvoir, se brisa devant cette résistance inattendue. C'est que ce n'était pas la tête seulement qu'ils avaient frappée, c'était le cœur.

— Que faut-il donc que je fasse? dit-il avec calme.

— Abdiquer, répondirent Oudinot et Ney.

— Voilà ce que vous avez gagné à ne pas suivre les conseils de vos amis, quand ils vous engageaient à faire la paix, ajouta un des maréchaux dont nous ne voulons pas écrire le nom. Celui-là avait été simple fantassin, et sa femme blanchisseuse. Il était devenu maréchal de Fran-

22

ce, et il ne songeait pas à se faire tuer pour l'Empereur!

— Au reste, pas un ne songea à cela!

Le grand Homme aux prises avec des dévouements fatigués, désireux surtout de sauver leurs biens, aspirant au repos, le grand Homme céda comme il avait cédé à Saint-Dizier.

— Vous voulez du repos? dit-il: ayez-en donc!... Mais vous ne savez pas combien de chagrins et de dangers vous attendent sur vos lits de duvet. Quelques mois de cette paix que vous désirez vous coûteront plus cher que la guerre la plus désespérée. Mais vous le voulez, c'est bien!

L'Empereur se plaça près d'une table, et d'une main tremblante d'émotion il écrivit la déclaration suivante:

« Les puissances alliées ayant proclamé que l'Empereur Napoléon était le seul obstacle au rétablissement de la paix en Europe, l'Empereur Napoléon, fidèle à son serment, déclare qu'il est prêt à descendre du trône, à quitter la France et même la vie pour le bien de la patrie, **inséparable** des droits de son fils, de ceux de la régence de l'Impératrice et du maintien des lois de l'Empire.

» Fait en notre palais de Fontainebleau, le 4 avril 1814.

» NAPOLÉON. »

Puis l'Empereur se leva, et tendant le papier aux maréchaux :

— Etes-vous contents, messieurs, dit-il...... Allez donc à Paris, allez défendre les intérêts de mon fils, de l'armée, de la France. Je nomme pour mes commissaires le duc de Vicence, les maréchaux prince de la Moskowa et le duc de Raguse.

Cessant de marcher, Napoléon s'assit alors sur un petit canapé. L'émotion qu'il avait dominée jusque-là fut alors plus forte que lui.

— Non, non, dit-il en se levant, point de régence. Ma garde et le corps de Marmont, et demain je suis à Paris.

Les maréchaux se récrièrent.

L'Empereur passa la main sur son front, s'arrêta devant ses maréchaux le front haut, le regard terrible, et leur dit d'une voix forte et impérieuse : « Sortez, Messieurs. »

Quelques instants plus tard, il fit appeler le duc de Vicence, puis Macdonald. Il avait retrouvé tout son calme. Il donna ses dernières instructions au maréchal et lui tendit la main en ajoutant ce seul mot: « Partez. »

Pendant ce temps, Marmont achetait, au prix de son honneur militaire et de tous ses devoirs envers son bienfaiteur, son ami, une paix que l'abdication rendait assurée. La défection du 6ᵉ corps était en effet sans intérêts après l'abdication. Aussi Marmont voulut-il revenir sur ses pas. D'ailleurs, la dernière marque de cette confiance infatigable, illimitée que mettait Napoléon dans son dévouement et dans sa fidélité, l'avait profondément ému; mais il n'était plus temps.

Le 4 avril au matin, l'Empereur n'avait plus de couronne; le 5 au soir l'Empire était fini et la Restauration commençait.

En apprenant la défection du 6ᵉ corps, Napoléon ne voulut d'abord pas y croire. Quand il ne lui fut plus possible de douter, sa parole s'arrêta, son regard devint fixe; on dit qu'une larme rapide vint briller au bord de sa paupière; et il ne rompit le silence que pour laisser échapper ces deux mots sur Marmont : « L'ingrat ! il sera plus malheureux que moi !... » Ce fut tout. Mais c'était assez pour la postérité.

Quelques heures après le départ du prince de la Moskowa et des ducs de Vicence et de Tarente, chargés des négociations à Paris, l'Empereur adressa à tous les régiments de l'armée un ordre du jour qui restera comme un stigmate infamant pour bien des trahisons et qui a attaché plus d'un nom au pilori de l'histoire.

Lorsque Ney, le brave des braves, revint à Fontainebleau, il avait souillé sa vie d'une tache indélébile, que la mort même ne devait pas effacer. Il avait embrassé la cause des anciens rois, comme il l'avait écrit lui-même. La régence était rejetée, il n'y avait plus d'espoir pour l'Empereur. En vain Macdonald et Caulaincourt s'efforcèrent-ils d'amortir la violence de ce nouveau coup ; toute la fierté du moderne Antée, qui lui seul avait porté l'Europe sur ses puissantes épaules, toute la colère de ce roi des rois qui avait tenu dans sa main et rendu tant de couronnes, se réveillèrent, lorsqu'il apprit que le trône impérial ne s'écroulait pas pour lui seulement, mais aussi pour son fils.

Il se leva les poings crispés, l'œil animé de ces inspirations sublimes qui l'avaient tant de fois guidé à la victoire.

— Il n'y a plus d'illusions possibles pour l'armée et pour son chef, dit-il. Les alliés ne veulent traiter à aucun prix. L'armée doit-elle rendre les armes sans combattre? Vous m'avez promis, Messieurs, de marcher avec moi si les droits de mon fils étaient méconnus; ils sont foulés aux pieds, le moment est venu de tenir votre promesse.

Les plénipotentiaires gardent le silence. Napoléon continue:

— J'ai trente mille hommes cantonnés auprès de Fontainebleau; quinze à vingt mille sont dans les environs ou sur la route de Blois, auprès de l'Impératrice; vingt mille se maintiennent en arrière de Lyon; vingt mille arrivent d'Italie avec Grenier; Suchet en amène quinze mille de Catalogne, et quarante mille, conduits par Soult, disputent à Wellington l'entrée du midi de la France. J'ai là plus de cent quarante mille combattants... J'ai là des batailles, des victoires, l'honneur au moins de la défaite... Je meurs en m'ensevelissant dans des ruines, tandis que cette abdication est une honte, une spoliation, une lâcheté... On ne peut m'ordonner de déshériter mon fils!... Ce trône que j'ai élevé est à lui!

Et comme le même silence répondait toujours à sa parole :

— J'organiserai, ajouta-t-il, une retraite générale derrière la Loire, et une fois réunis là, nous verrons qui viendra nous en chasser.

— Mais, Sire, dit Ney, avec une sorte d'épouvante, c'est la guerre civile, c'est une lutte de partisans, c'est la moitié de la France levée contre l'autre.

— Eh bien, s'il faut renoncer à défendre la France, s'écrie Napoléon, nous avons l'Italie. C'est là une retraite digne de nous. Veut-on m'y suivre encore une fois? Marchons vers les Alpes.

— Sire, dit Ney en se levant, nous sommes venus pour traiter d'affaire graves, pour parler raison, et depuis que nous sommes ici.... nous divaguons.

Cette voix du génie, qui n'avait jamais trompé celui qui s'y était fié si souvent, cette voix du génie ne pouvait plus être entendue et comprise. Comme l'avait dit l'homme de Fromenteau, il était trop tard.

Epuisé par les efforts inouïs des derniers mois, affaibli par des nuits sans sommeil, brisé par des inquiétudes mortelles, frappé dans sa fierté, dans sa gloire, dans son honneur, dans sa famille, l'Empereur en était arrivé à discuter. Il était perdu !

Discuter pour celui qui avait si longtemps ordonné, c'était être vaincu. Après avoir lutté longtemps contre les arguments et les raisons des plénipotentiaires, il céda enfin.

Ce fut alors que sur ce guéridon historique qu'on montre encore à Fontainebleau, il écrivit cette pièce fameuse dont l'original manuscrit a été conservé ! C'était sa seconde abdication. Elle était ainsi conçue.

« Les puissances alliées ayant proclamé que l'Empereur Napoléon était le seul obstacle au rétablissement de la paix en Europe, l'Empereur, fidèle à son serment, déclare qu'il renonce pour lui et pour ses enfants aux trônes de France et d'Italie, et qu'il n'est aucun sacrifice, même celui de la vie, qu'il ne soit prêt à faire aux intérêts de la France. »

Cet acte fut remis aux trois plénipotentiaires chargés de le porter aux souverains et de stipuler, au nom de l'Empereur, les conditions du traité qui devait régler sa position et celle de sa famille.

Les trois plénipotentiaires partirent.

Ce départ fut le signal d'une désertion générale. Le vide se fit autour de cet astre qui arrivait à son déclin; l'isolement remplaça bientôt cet entourage officiel, brillant et doré, empressé, flatteur, obséquieux, attaché à la puissance et non à l'homme, que la fortune attire, que l'adversité disperse.

⁂

A Fontainebleau, l'Empereur terrassait l'homme de génie, et on eût dit que ce génie eût besoin pour se développer de la double consécration du succès et de la puissance : il faiblissait sous l'ingratitude et sous l'adversité.

Cependant le sacrifice était consommé ; la nuit était venue. C'était la nuit du 12 au 13. Il était une heure du matin.

Les vastes corridors du palais de Fontainebleau étaient silencieux et sombres, comme l'aspect tout entier de cette maison royale, depuis que l'Empereur et l'Empire n'étaient plus.

Seule, une femme vêtue de noir traversait un de ces corridors. C'était précisément celui qui conduisait aux appartements de l'Empereur. Elle marchait doucement, la tête baissée vers la terre, de ce pas à la fois majestueux et triste qui est comme l'allure des grandes douleurs, et elle ne s'aperçut point qu'à la pâle clarté de la lune une ombre se dessinait sur la muraille grise, et que cette ombre disparaissait tout à coup dans une sorte de renfoncement pratiqué dans l'épaisseur du mur. C'est que, le front penché vers la terre, elle songeait à un être cher et regretté, et que cette sorte de contemplation intérieure qui est comme l'extase de l'âme, la rendait étrangère à tout ce qui se passait autour d'elle.

De temps en temps un nom prononcé tout bas expirait sur ses lèvres. Alors elle s'arrêtait, levait vers le ciel ses yeux baignés de larmes, puis reprenait sa lente promenade à laquelle l'heure et les circonstances imprimaient un caractère lugubre et solennel à la fois.

Elle arriva ainsi jusqu'à une sorte de salle basse qui précédait les appartements de l'Empereur.

Là, elle s'arrêta un instant, immobile et muette; puis, comme si ses genoux se fussent dérobés sous elle, elle se trouva agenouillée à quelques pas de la porte qui conduisait à l'appartement impérial, les mains jointes et tournées de ce côté.

— Mon Dieu, dit-elle, puisque vous avez appelé à vous celui que j'aimais, puisque votre main s'est appesantie sur lui et sur moi, et que la plus grande douleur que je pusse éprouver m'a été envoyée par vous, protégez du moins celui que vous aviez fait si grand.... Ne me frappez pas à la fois, Seigneur, dans ces deux affections, saintes toutes deux, qui s'étaient partagé mon cœur, et que mon cœur brisé contient encore tout entières.... Seigneur! Seigneur! ayez pitié de l'Empereur.

La pauvre femme resta longtemps prosternée sur la dalle ; muette, sans mouvement, ne troublant le silence qui planait autour d'elle que par les sanglots dont son cœur débordait.

A ce moment, l'ombre qui avait déjà apparu dans le corridor passa près d'elle. On eût dit qu'elle s'arrêtait pour chercher à reconnaître celle qui était là agenouillée ; puis elle s'éloigna, en murmurant : « Encore elle ! »

Cette ombre était celle de Frantz ! le bon et le mauvais génie se trouvaient une dernière fois en présence ; mais cette fois tout était fini. Frantz triomphait. Il jeta un éclat de rire strident et disparut. . . . .
. . . .
. . . .

Enfin le 20 avril arriva.

C'était ce soir-là que l'Empereur devait quitter Fontainebleau.

Les voitures qu'on avait envoyées vinrent se placer auprès de l'escalier de la cour du *Cheval-Blanc*. La garde impériale était rangée en ligne. Une foule immense, composée des populations voisines, se pressait aux abords du palais.

A onze heures et demie les commissaires étrangers arrivaient. Quelques minutes après, le général Bertrand annonçait l'Empereur. Toutes les personnes présentes se rangèrent sur deux files. Napoléon parut. Il serra la main du petit nombre d'amis et de serviteurs qui lui étaient restés fidèles, traversa la galerie, et s'apprêta à descendre le grand escalier.

A cet instant un sanglot arriva jusqu'à l'Empereur, et il aperçut la générale des Marie-Louise qui tenait levés vers lui ses yeux baignés de larmes.

Il s'avança de deux pas vers elle, puis l'étonnement se peignit sur ses traits en reconnaissant le costume de Marie. Ce costume était celui des sœurs de Charité.

Il lui tendit la main, Marie y appliqua ses lèvres...

— Et ton pauvre Marie-Louise, dit-il en hésitant, et Julien ?...

La jeune fille montra le ciel. — Mort des suites d'une blessure reçue à Arcis, murmura-t-elle !

— Adieu, fit l'Empereur avec un effort, adieu ma fille, nous nous reverrons.

— Oui, Sire, dit Marie d'une voix ferme, nous nous reverrons !

L'Empereur descendait le grand escalier, les tambours battaient aux champs.

D'un signe il commanda le silence, puis s'avança vers sa garde et lui fit ses adieux. Ces adieux ont retenti dans la postérité.

Les yeux de Napoléon étaient humides. Les soldats de la vieille garde pleuraient.

Enfin l'Empereur monta en voiture avec le général Bertrand.

Au moment même où il entrait dans la chaise de poste, au milieu d'un religieux silence, une voix se fit remarquer, qui prononçait ces mots, déjà entendus : « Trop tard! »

Il y avait quelque chose de sarcastique dans le son de cette voix. Napoléon jeta les yeux du côté d'où elle était partie, et il reconnut cette figure pâle et haineuse, ce regard fauve qui l'avait poursuivi pendant sa campagne de France. C'était bien l'homme qui lui était apparu pour la première fois à Brienne. C'était bien la voix qu'il avait entendue à Fromenteau.

Il se rejeta dans sa voiture, qui partit au galop.

Quelques minutes après, Marie et le sergent Chaudoreille se trouvaient réunis au pied du grand escalier du château.

— Nous partons? dit-elle.

— Où allons-nous? fit le sergent.

— A l'île d'Elbe.

Au loin on entendait encore le roulement de la voiture de l'Empereur déchu qui allait prendre possession de son nouveau royaume. Et la foule s'écoulait silencieuse et recueillie.

Le drame de la campagne de France était terminé.

FIN

TABLE DES MATIÈRES

CHAP. Ier — L'invasion, — 1814	1
II. — Les orphelins	56
III. — Le supplice du feu.	69
IV. — La Générale. — Première manche. — Bataille de la Rothière.	85
V. — Les alliés à Troyes.	124
VI. — Seconde manche. — Nogent. — Montmirail. — Champ-Aubert.	148
VII. — Les conspirateurs.	214
VIII. — Le presbytère de village.	246
IX. — Les deux fiancés.	271
X. — Le mauvais génie.	282
XI. — La bataille de deux jours.	303
XII. — Appel à l'insurrection nationale	320
XIII. — La générale des Marie-Louise.	340
XIV. — Le dénouement.	359

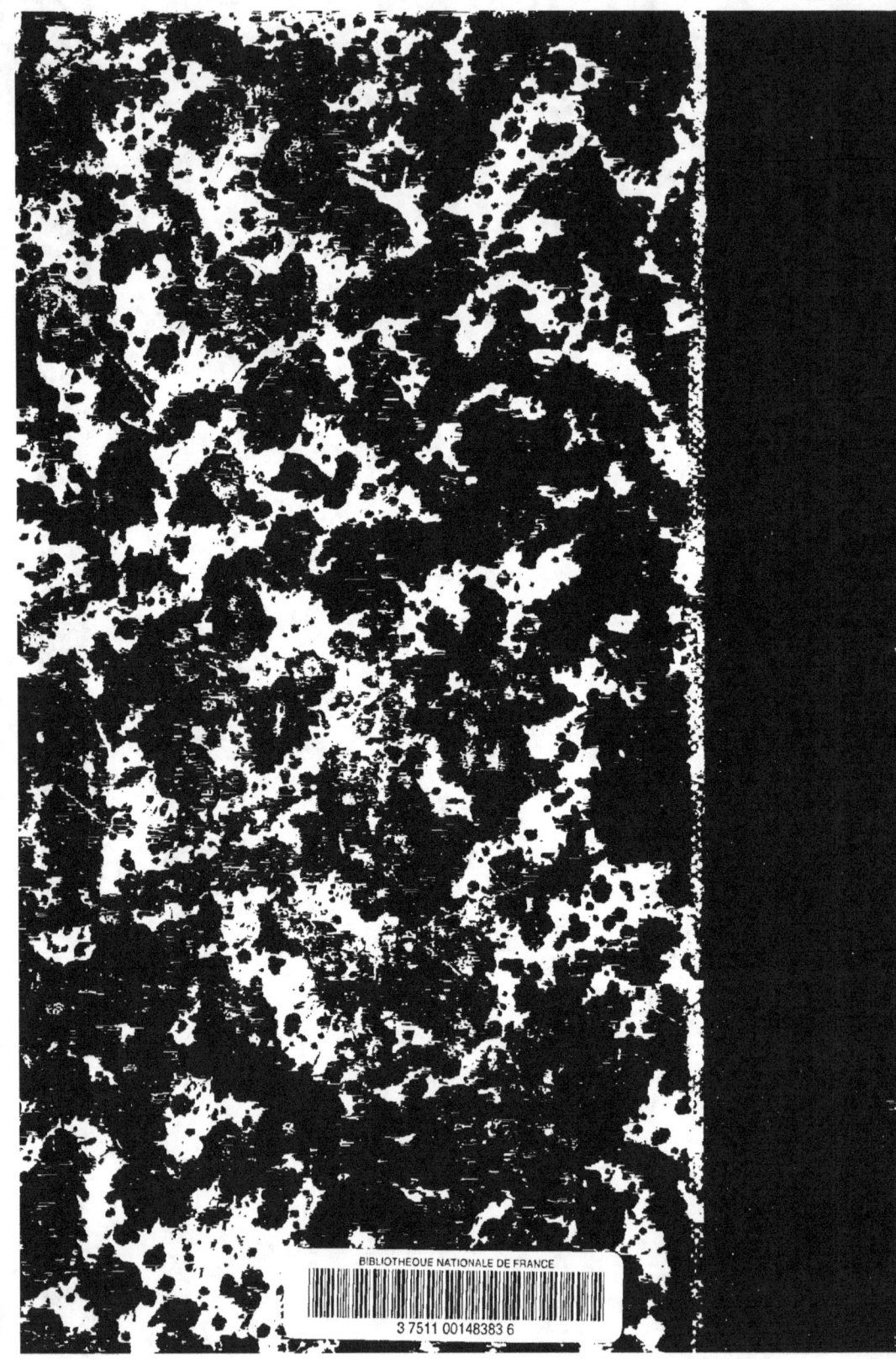

www.ingramcontent.com/pod-product-compliance
Lightning Source LLC
Chambersburg PA
CBHW052126230426
43671CB00009B/1141